토익
900⁺
필수보카

토익 900＋ 필수 보카

지은이 넥서스 토익연구소
펴낸이 임상진
펴낸곳 (주)넥서스

초판 1쇄 발행 2010년 1월　5일
초판 2쇄 발행 2010년 1월 10일

3판 1쇄 발행 2022년 3월 30일
3판 6쇄 발행 2024년 8월 20일

출판신고 1992년 4월 3일 제311-2002-2호
10880 경기도 파주시 지목로 5
Tel (02)330-5500 Fax (02)330-5555

ISBN 979-11-6683-239-0　13740

www.nexusbook.com

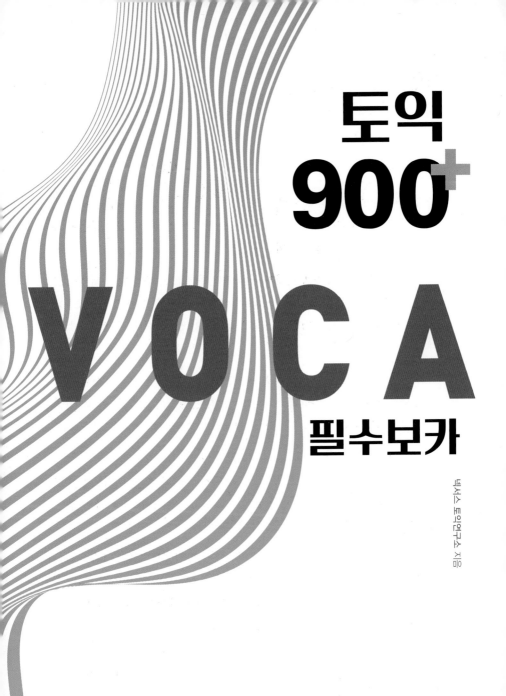

토익
900+
VOCA
필수보카

넥서스 토익연구소 지음

넥서스

PREFACE

토익을 처음 시작하거나 기업체에서 근무하며 토익 점수를 따야 하는 사람들은 어떻게 해야 청취, 문법, 어휘, 독해 문제를 잘 풀어 고득점을 얻을 수 있을까를 한 번쯤은 고민해 봤을 것이다. 이 모든 영역에 있어서 관건은 시험에 자주 등장하는 빈출 어휘와 핵심 어휘를 얼마나 알고 있느냐 하는 것이다.

어휘 실력만 탄탄해도 청해 문제가 귀에 쏙쏙 들어오고, 문법 및 독해 문제도 술술 풀린다. 아는 어휘 몇 개만으로도 외국인과 대화가 된다든지 혹은 도무지 무슨 말을 하는지 알지 못했던 영어 뉴스에서 영어 단어를 한두 개 알아들었을 때의 그 기쁨은 경험한 사람만이 알 수 있는 희열일 것이다.

나는 청해도 되고 독해도 대충 되는데, 모르는 어휘가 많아서 정답 사이로 비켜 간다는 수험생들이 있다면 본 책으로 토익 혁명을 일으키자. 한 달 안에 100점씩 올리겠다는 각오로 매일 30개씩 듣고 외워 보자. 확실히 LC와 RC를 한꺼번에 UP시킬 수 있을 것이다.

본 책은 토익 어휘 전략서로 한 달 안에 100점은 거뜬히 올릴 수 있도록 10년 동안 출제되었던 최다 빈출 어휘와 함께 파생어, 동의어, 연어, 기출 표현, 그리고 토익 시험과 유사한 예문 등을 담아 놓았다.

영미 발음을 함께 들으면서 토익 핵심 어휘를 문맥 안에서 자연스럽게 암기할 수 있으며, 제공되는 영국식 발음과 비교하여 발음의 차이를 느낄 수 있다. 언제 어디서나 듣고, 보는 학습을 동시에 한다면 최단기간에 토익 만점을 향한 꿈은 이루어지리라 확신한다.

넥서스 토익연구소

1 목표 점수에 딱 필요한 단어만 외우는 점수대별 필수 보카
- 최근 10년간 기출 문제를 철저하게 분석하여, 빈출 어휘를 표제어와 주요 파생어로 정리
- 실제 토익 시험에서 등장한 문장을 응용한 예문도 함께 수록

2 1주일에서 20일까지 자신의 스케줄에 맞춰 가볍게 끝내는 보카
시간이 없어 빨리 끝내고 싶으면 1주일 만에 집중해서, 시간을 갖고 꼼꼼하게 보고 싶다면 20일 동안 천천히 끝낼 수 있는 경제적인 보카 암기

3 독학용 무료 학습 자료 (www.nexusbook.com)
- 표제어와 예문을 각각 미국식과 영국식 발음으로 2번 녹음하여 비교 학습할 수 있도록 구성한 MP3
- 책에서 암기한 표제어를 완벽하게 마무리하는 추가 어휘 테스트
- 실제 시험보다 2배속으로 빠르게 들으며 어떠한 시험 환경에도 완벽 대비하는 청취 훈련 파일
- Part 3 & Part 4 긴 문장 듣기도 알차게 대비하는 예문 받아쓰기

독학용 무료 학습 자료 4종
무료 제공 www.nexusbook.com

영·미 발음 MP3 | 어휘 테스트 | 2배속 청취 훈련 | 예문 받아쓰기

CONTENTS

토익 900+ 필수보카

WEEK 3

WEEK 4

STRUCTURE & FEATURES

표제어
토익 시험의 중요
빈출 어휘를 모아
Day별로 30개씩
학습할 수 있도록
하였다.

MP3
영·미 발음이 함께
녹음된 MP3를
들으면서 어휘를
암기할 수 있도록
구성하였다.

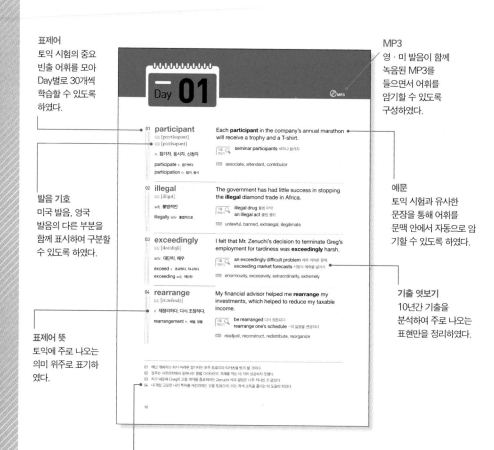

Day 01 MP3

01 **participant**
[미] [pɑːrtísəpənt]
[영] [pɑːtísəpənt]

n. 참가자, 응시자, 신청자

participate v. 참가하다
participation n. 참여, 응시

Each **participant** in the company's annual marathon will receive a trophy and a T-shirt.

기출 엿보기 seminar participants 세미나 참석자

associate, attendant, contributor

02 **illegal**
[미] [ilíːgəl]

adj. 불법적인

illegally adv. 불법적으로

The government has had little success in stopping the **illegal** diamond trade in Africa.

기출 엿보기 illegal drug 불법 마약
an illegal act 불법 행위

unlawful, banned, extralegal, illegitimate

03 **exceedingly**
[미] [iksíːdiŋli]

adv. 대단히, 매우

exceed v. 초과하다, 지나치다
exceeding adj. 대단한

I felt that Mr. Zenuchi's decision to terminate Greg's employment for tardiness was **exceedingly** harsh.

기출 엿보기 an exceedingly difficult problem 매우 어려운 문제
exceeding market forecasts 시장의 예측을 넘어서

enormously, excessively, extraordinarily, extremely

04 **rearrange**
[미] [riːəréindʒ]

v. 재정리하다, 다시 조정하다.

rearrangement n. 배열, 정렬

My financial advisor helped me **rearrange** my investments, which helped to reduce my taxable income.

기출 엿보기 be rearranged 다시 정돈되다
rearrange one's schedule ~의 일정을 변경하다

readjust, reconstruct, redistribute, reorganize

01 매년 개최되는 회사 마라톤 참가자는 모두 트로피와 티셔츠를 받게 될 것이다.
02 정부는 아프리카에서 벌어지는 불법 다이아몬드 거래를 막는 데 거의 성공하지 못했다.
03 지각 때문에 Greg의 고용 계약을 종료하라는 Zenuchi 씨의 결정은 너무 지나친 것 같았다.
04 내 재정 고문은 내가 투자를 재정리하는 것을 도와주었고, 이는 과세 소득을 줄이는 데 도움이 되었다.

12

발음 기호
미국 발음, 영국
발음의 다른 부분을
함께 표시하여 구분할
수 있도록 하였다.

표제어 뜻
토익에 주로 나오는
의미 위주로 표기하
였다.

예문
토익 시험과 유사한
문장을 통해 어휘를
문맥 안에서 자동으로 암
기할 수 있도록 하였다.

기출 엿보기
10년간 기출을
분석하여 주로 나오는
표현만을 정리하였다.

예문 해석
영문으로 된 예문을 학습하다가 해석이 궁금하면
참고할 수 있도록 구성하였다.

CHECK-UP

문제 미국인·영국인의 녹음을 듣고 문맥 안에 알맞은 단어를 채워 Day별로 확인할 수 있도록 구성하였다.

해석 문제를 먼저 풀어본 후 문맥 안에서 어휘의 의미를 재확인할 수 있도록 구성하였다.

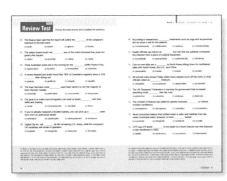

REVIEW TEST

문제 토익 시험과 유사한 어휘 문제로 구성하여 1주의 학습이 끝나면 재확인할 수 있도록 구성하였다.

해석 문제를 먼저 풀어본 후 문맥 안에서 어휘의 의미를 재확인할 수 있도록 구성하였다.

APPENDIX

시험에 자주 등장하는 〈명사+명사〉, 〈형용사+명사〉 형태의 기출 표현들을 모아 시험 보기 직전에 마지막 점검을 할 수 있도록 구성하였다.

미국&영국 발음 듣기

 영·미 발음 MP3

 어휘 테스트

 2배속 청취 훈련

 예문 받아쓰기

토익 보카 공부하는 방법

토익
900+
필수보카

Week 1

Week 2

Week 3

Week 4

Day 01

 MP3

---

01 participant

[U.S.] [pɑːrtísəpənt]
[U.K.] [pɑːtísəpənt]

n. 참가자, 응시자, 신청자

participate v. 참가하다
participation n. 참가, 응시

Eaoh **participant** In the company's annual marathon will receive a trophy and a T-shirt.

기출
엿보기   seminar participants 세미나 참석자

Syn. associate, attendant, contributor

---

02 illegal

[U.S.] [ilíːgəl]

adj. 불법적인

illegally adv. 불법적으로

The government has had little success in stopping the **illegal** diamond trade in Africa.

기출
엿보기   illegal drug 불법 마약
an illegal act 불법 행위

Syn. unlawful, banned, extralegal, illegitimate

---

03 exceedingly

[U.S.] [iksíːdiŋli]

adv. 대단히, 매우

exceed v. 초과하다, 지나치다
exceeding adj. 대단한

I felt that Mr. Zenuchi's decision to terminate Greg's employment for tardiness was **exceedingly** harsh.

기출
엿보기   an exceedingly difficult problem 매우 어려운 문제
exceeding market forecasts 시장의 예측을 넘어서

Syn. enormously, excessively, extraordinarily, extremely

---

04 rearrange

[U.S.] [riːəréindʒ]

v. 재정리하다, 다시 조정하다,

rearrangement n. 배열, 정렬

My financial advisor helped me **rearrange** my investments, which helped to reduce my taxable income.

기출
엿보기   be rearranged 다시 정돈되다
rearrange one's schedule ~의 일정을 변경하다

Syn. readjust, reconstruct, redistribute, reorganize

---

01 매년 개최되는 회사 마라톤 참가자는 모두 트로피와 티셔츠를 받게 될 것이다.
02 정부는 아프리카에서 일어나는 불법 다이아몬드 거래를 막는 데 거의 성공하지 못했다.
03 지각 때문에 Greg의 고용 계약을 종료하려는 Zenuchi 씨의 결정은 너무 지나친 것 같았다.
04 내 재정 고문은 내가 투자를 재정리하는 것을 도왔으며, 이는 과세 소득을 줄이는 데 도움이 되었다.

12

05 arbitration

U.S. [à:rbətréiʃən]
U.K [à:bətréiʃən]

n. 중재, 조정

arbitrate v. 중재하다, 조정하다
arbitrator n. 중재자

The government has forced the union to accept binding **arbitration** in the ongoing transit strike.

기출
엿보기 arbitration between ~사이의 조정
the arbitration process 중재 절차

Syn. judgment, determination, adjudication

06 complementary

U.S. [kàmpləméntəri]
U.K [kɔ̀mpləméntəri]

adj. 보충하는, 보완의

complement n. 보충물, 보완물

You will receive a **complementary** exercise guide with your purchase of the CV5000 home gym.

기출
엿보기 complementary assets 보완적 자산
complementary therapists 보충해 주는 치료법

Syn. compatible, completing, equivalent, integral

07 adverse

U.S. [ædvə́:rs]
U.K [ædvə́:s]

adj. 반대하는, 적의의

adversely adv. 반대로

They received a lot of **adverse** publicity after their CEO was charged with insider trading.

기출
엿보기 adverse results 역효과, 부작용
adverse economic conditions 불리한 경제 상황

Syn. contrary, detrimental, negative, opposed

08 adorn

U.S. [ədɔ́:rn]
U.K [ədɔ́:n]

v. 장식하다

adornment n. 장식(품)
adorningly adv. 장식하여

The walls of the office building were **adorned** with large paintings of various natural landscapes.

기출
엿보기 adorn with ~로 장식하다

Syn. decorate, ornament

---

05 정부는 진행 중인 대중 교통 파업에서 노조에게 구속적 중재를 받아들이라고 강요했다.
06 CV5000 가정용 운동 기구를 구매하시면, 보충 운동 가이드를 드립니다.
07 그들은 최고 경영자가 내부자 거래로 기소된 후, 상당히 나쁜 평판을 받았다.
08 사무실 건물의 벽들은 다양한 자연 경관을 담은 큰 그림들로 장식되어 있었다.

09 censorship

U.S. [sénsərʃip]
U.K [sénsəʃip]

n. 검열 (제도)

censor v. 검열하다
n. 검열관

The debate over **censorship** in the media continued today in the House of Commons.

기출 엿보기
rigid censorship 엄격한 검열
remove the censorship 검열을 폐지하다

Syn. blackout, restriction, suppression

10 acute

U.S. [əkjúːt]

adj. 심각한, 격렬한

acuity n. 격심함, 예민함

An **acute** shortage of skilled workers could pose a serious threat to the Indian economy.

기출 엿보기
acute pain 격렬한 고통
acute shortage 극심한 부족

Syn. critical, crucial, serious, vital

11 arouse

U.S. [əráuz]

v. (관심 · 호기심을) 갖게 하다, 자극하다

arousal n. 각성, 환기

Our plan to close the steel plant will inevitably **arouse** the ire of the local population.

기출 엿보기
arouse interests 관심을 갖게 하다
arouse symptoms 증상을 일으키다

Syn. stimulate, encourage, inspire, provoke

12 extent

U.S. [ikstént]

n. 정도, 한도, 범위

extend v. 연장하다, 베풀다
extension n. 연장, 연기, (전화) 내선

Government environment officials have been deployed to the lake to measure the **extent** of the contamination.

기출 엿보기
to the fullest extent 최대한

Syn. magnitude, amount, scale, level

---

09 언론의 검열에 대한 논쟁이 오늘 하원에서 계속되었다.
10 숙련된 근로자들의 심각한 부족 현상은 인도 경제에 큰 위협을 제기할 수 있다.
11 철강 공장을 닫으려는 우리의 계획은 불가피하게 지역 주민들의 분노를 일으킬 것이다.
12 오염 정도를 측정하기 위해 정부 환경부 공무원들이 호수에 배치되었다.

13 bilateral
[U.S.] [bailətərəl]

adj. 양측의, 쌍방의
n. 양자 간 협정

Bilateral trade agreements among like-minded countries have become increasingly popular in recent years.

기출 엿보기 bilateral agreements 쌍방 합의

Syn. mutual, reciprocal, respective, two-sided

14 certify
[U.S.] [sə́:rtəfài]
[U.K.] [sə́:təfài]

v. 증명하다

certification n. 증명(서)
certified adj. 증명된, 공인된

We **certify** that all of our used vehicles are inspected by highly trained mechanics.

기출 엿보기 get certified 자격을 얻다
be certified as ~의 자격을 얻다

Syn. confirm, declare, guarantee, assure

15 friction
[U.S.] [frík∫ən]

n. 불화, 마찰

frictional adj. 마찰의

Supervised mediation may be required to help ease **friction** between the employees involved in this conflict.

기출 엿보기 friction between the tires and road 타이어와 노면의 마찰

Syn. conflict, hostility, disagreement, discord

16 delinquent
[U.S.] [dilíŋkwənt]

adj. (세금 등이) 연체된

delinquency n. 체납, 미불
delinquently
adv. 지불 기일이 넘어서

Your account is currently in **delinquent** status because your monthly payment has not been made.

기출 엿보기 delinquent tax payers 세금 체납자들

Syn. offending, overdue, procrastinating, unpaid

---

13 상호 무역 협정은 최근 같은 생각을 가진 나라들 사이에서 인기가 높아졌다.
14 우리는 우리의 모든 중고차가 고도로 훈련된 정비공들의 검사를 받았음을 보증한다.
15 이번 갈등과 관련 있는 직원들 사이의 마찰을 완화하는 데 도움이 될 감독 중재가 필요할지 모른다.
16 월 상환액을 납부하지 않으셨기 때문에 고객님의 계정은 현재 연체 상태입니다.

17 deplete

_{U.S.} [diplíːt]

v. 고갈시키다

depletion n. 고갈, 파괴

Over-fishing off the coast of Newfoundland has significantly **depleted** the supply of cod in the area.

기출 엿보기 deplete natural resources 천연자원을 고갈시키다

_{Syn.} use up, reduce, drain, exhaust

18 implication

_{U.S.} [ìmpləkéiʃən]

n. 영향, 함축

implicate v. 관련시키다

Closing the manufacturing plant in Springfield will have severe **implications** on the local economy.

기출 엿보기 legal implications 법률 관계
have implications for ~에 영향을 미치다

_{Syn.} inference, meaning, significance, presumption

19 exclusionary

_{U.S.} [iksklúːʒənèri]
_{U.K} [iksklúːʒənəri]

adj. 배제의, 제외의

exclude v. 배제하다
exclusion n. 배제, 추방
exclusive adj. 독점적인
exclusively adv. 독점적으로

My economics professor suggested that in some cases **exclusionary** business practices can cause stagnation in technological innovation.

기출 엿보기 the right to sell the products exclusively
독점적으로 제품을 판매할 권리

_{Syn.} solely, distinct, excluded, isolated

20 elicit

_{U.S.} [ilísit]

v. 이끌어 내다, 알아내다

elicitable adj. 이끌어 낼 수 있는

The goal of the advertising campaign is to **elicit** a positive response from consumers.

기출 엿보기 elicit from ~에서 이끌어 내다
elicit wild applause 박수갈채를 이끌어 내다

_{Syn.} bring about, cause, derive, bring out

---

17 뉴펀들랜드 연안에서의 남획은 그 지역의 대구의 공급을 상당히 격감시켰다.
18 스프링필드의 제조 공장 폐쇄는 지역 경제에 심각한 영향을 끼칠 것이다.
19 우리 경제학 교수님은 어떤 경우에 배타적 사업 관행이 기술 혁신의 침체를 야기할 수 있다고 말씀하셨다.
20 광고 캠페인의 목적은 소비자로부터 긍정적인 반응을 이끌어 내는 것이다.

21 ledger

U.S. [lédʒər]

U.K. [lédʒə(r)]

n. 회계 장부

All of the firm's financial transactions are documented in the company's general **ledger**.

Syn. record book, register

---

22 furnished

U.S. [fə́ːrniʃt]

U.K. [fə́ːniʃt]

adj. (가구 등이) 갖춰진, 구비된

furnish v. (가구를) 비치하다

furniture n. (집합적) 가구

Kimberly rented a fully **furnished** apartment following her relocation to our new division in San Diego.

기출 엿보기 | furnished accommodation 가구가 갖춰진 숙박 시설

Syn. equiped, fit

---

23 fabricate

U.S. [fǽbrikèit]

v. 조작하다, 제작하다

fabrication n. 위조(물), 제작

The external auditor found that some of the financial information in the ledger had been **fabricated**.

Syn. counterfeit, fake, forge

---

24 momentum

U.S. [mouméntəm]

U.K. [məméntəm]

n. 추진력, 힘

As the Christmas season approaches, sales of electronic video games have started to gain **momentum**.

기출 엿보기 | gain momentum 힘을 얻다

Syn. impetus, force, power, drive

---

25 inclement

U.S. [inklémənt]

adj. (날씨가) 궂은, 혹독한

I might miss the board meeting because my plane has been delayed due to **inclement** weather.

기출 엿보기 | due to inclement weather 궂은 날씨 때문에

Syn. brutal, foul, harsh, stormy

---

21 회사의 모든 금융 거래는 회사의 종합 회계 장부에 기록된다.
22 Kimberly는 샌디에이고의 새 부서로 전근 오면서 가구가 완전히 구비된 아파트를 임대했다.
23 외부 감사는 대장에 기입된 재무 정보 중 일부가 조작되었음을 발견했다.
24 크리스마스 시즌이 다가옴에 따라 전자 비디오 게임의 판매가 탄력을 받기 시작했다.
25 나는 궂은 날씨 때문에 비행기가 지연되어 이사회 모임에 불참할지 모른다.

26 impede
U.S. [impíːd]

v. 지연시키다, 방해하다

impedient adj. 방해가 되는

We must take greater care not to **impede** the progress we have made into foreign markets.

 기출 엿보기   impede business 일을 방해하다

Syn. hinder, hamper

27 transit
U.S. [trǽnsit/-zit]
U.K. [trǽnzit]

n. 운송, 통과, 통행
v. 운반하다

transition n. 이행, 변천, 이동

The government is considering improving the city's infrastructure by upgrading the **transit** system.

기출 엿보기   in transit 운송 중인, 수송 중인
during transit 운송 중에

Syn. movement, transfer, transport, passage

28 succinct
U.S. [səksíŋkt]

adj. 간결한

succinctly adv. 간결하게

The chairman of the board will expect the proposal to be organized and **succinct**.

기출 엿보기   give succinct remarks 간략한 소견을 말하다

Syn. concise, short, summary, compact

29 jeopardize
U.S. [dʒépərdàiz]
U.K. [dʒépədàiz]

v. 위태롭게 하다,
위험에 빠뜨리다

The increasing value of the currency could **jeopardize** companies that rely on exporting their products.

Syn. hazard, risk, threaten, endanger

30 acquaintance
U.S. [əkwéintəns]

n. 아는 사람

acquaint v. ~에게 ~을 숙지시키다

I recently ran into an old college **acquaintance** of mine whose firm is looking for new representation.

 기출 엿보기   a mutual acquaintance 당신과 내가 둘 다 잘 아는 사람
an intimate acquaintance 잘 아는 사람

Syn. associate, colleague, companion, friend

---

26 우리는 외국 시장으로의 진출이 지연되지 않도록 더 많이 신경 써야 한다.
27 정부는 교통 시스템을 개선함으로써 도시의 기반 시설을 향상시키는 것을 고려하고 있다.
28 이사회 회장은 제안이 유기적이고 간결하기를 기대할 것이다.
29 상승하는 통화 가치는 상품 수출에 의존하는 기업들을 위태롭게 할 수 있다.
30 나는 최근 오랜 대학 동창을 우연히 만났는데 그가 근무하는 회사는 새로운 대표를 찾고 있다.

Check-up ◀

🎧 Listen and fill in the blanks with the correct words. 💿MP3

01 The government has had little success in stopping the _____ diamond trade in Africa.

02 I felt that Mr. Zenuchi's decision to terminate Greg's employment for tardiness was _____ harsh.

03 They received a lot of _____ publicity after their CEO was charged with insider trading.

04 An _____ shortage of skilled workers could pose a serious threat to the Indian economy.

05 We _____ that all of our used vehicles are inspected by highly trained mechanics.

06 Your account is currently in _____ status because your monthly payment has not been made.

07 Closing the manufacturing plant in Springfield will have severe _____ on the local economy.

08 Kimberly rented a fully _____ apartment following her relocation to our new division in San Diego.

09 We must take greater care not to _____ the progress we have made into foreign markets.

10 The chairman of the board will expect the proposal to be organized and _____ .

01 정부는 아프리카에서 일어나는 불법 다이아몬드 거래를 막는 데 거의 성공하지 못했다. 02 지각 때문에 Greg의 고용 계약을 종료하려는 Zenuchi 씨의 결정은 너무 지나친 것 같았다. 03 그들은 최고 경영자가 내부자 거래로 기소된 후, 상당히 나쁜 평판을 받았다. 04 숙련된 근로자들의 심각한 부족 현상은 인도 경제에 큰 위협을 제기할 수 있다. 05 우리는 우리의 모든 중고차가 고도로 훈련된 정비공들의 검사를 받았음을 보증한다. 06 월 상환액을 납부하지 않으셨기 때문에 고객님의 계정은 현재 연체 상태입니다. 07 스프링필드의 제조 공장 폐쇄는 지역 경제에 심각한 영향을 끼칠 것이다. 08 Kimberly는 샌디에이고의 새 부서로 전근오면서 가구가 완전히 구비된 아파트를 임대했다. 09 우리는 외국 시장으로의 진출을 지연시키지 않도록 더 많이 신경 써야 한다. 10 이사회 회장은 제안이 유기적이고 간결하기를 기대할 것이다.

Day 01 19

 MP3

01 prerequisite
U.S. [pri:rékwəzit]

n. 필수 조건, 선행 조건
adj. 필수적인

Candidates must meet several **prerequisites** before they will be admitted into the chemical engineering program.

 기출 엿보기 **be prerequisite for** ~에 필요하다

Syn. must, precondition, qualification, requirement

02 crucial
U.S. [krú:ʃəl]

adj. 중대한, 결정적인

cruciality n. 결정적임
crucially adv. 결정적으로

It is **crucial** that we focus our energy and resources on developing environmentally friendly automotive technology.

 기출 엿보기 **crucial to** ~에 중요한
a crucial element 결정적 요소

Syn. critical, essential, imperative, decisive

03 overly
U.S. [óuvərli]
U.K. [áuvəli]

adv. 지나치게

over adj. 지나친

The president's advisors may have been **overly** optimistic about the improvement in the unemployment rate.

 기출 엿보기 **overly serious** 지나치게 심각한
overly rigid and outdated rules
지나치게 엄격하고 진부한 규정

Syn. excessively, exceedingly, extremely, immensely

04 display
U.S. [displéi]

v. 전시하다, 드러내다
n. 전시

I would like to **display** the high definition televisions along the back wall of the store.

기출 엿보기 **on display** 전시 중
put A on display A를 전시하다

Syn. show, present, exhibit, arrange

---

01 지원자들은 여러 필수 조건들을 충족시켜야만 화학 공학 프로그램에 참여할 수 있다.
02 우리는 환경 친화적 자동차 기술을 개발하는 데 에너지와 자원을 집중시키는 것이 중요하다.
03 대통령의 고문관들은 실업률 개선에 대해 지나치게 낙관적이었는지도 모른다.
04 나는 상점 뒤쪽 벽을 따라 고화질 텔레비전을 전시하고 싶다.

05 audit

u.s. [ɔ́:dit]

n. 회계 감사, 심사
v. 감사하다, 청강하다

auditor n. 회계사

Last year's financial **audit** revealed that significant progress was made in reducing the company's debt.

기출 엿보기 🔍 perform an annual audit 연간 회계 감사를 실시하다
audit the financial statements 재무제표를 감사하다

Syn. examination, investigation, scrutiny, analysis

---

06 adjacent

u.s. [ədʒéisnt]

adj. 가까운, 인접한

adjacently adv. 인접하여

The Pilgrimage Group has acquired some commercial property immediately **adjacent** to the shopping plaza.

기출 엿보기 🔍 adjacent to ~에 붙어 있는

Syn. adjoining, neighboring

---

07 appropriately

u.s. [əpróupriətli]

adv. 적절하게, 알맞게

appropriation n. 충당
appropriate v. 충당하다
adj. 적당한, 타당한

George acted **appropriately** when he asked to speak to the salesperson serving his mother.

기출 엿보기 🔍 carry out appropriately 적절히 실행하다
set boundaries appropriately 적절하게 경계를 정하다
dress appropriately for a formal interview 공식적인 면접을 위해 알맞게 옷을 입다

Syn. accordingly, justly, properly, relevantly

---

08 affirm

u.s. [əfə́:rm]
u.k. [əfə́:m]

v. 단언하다, 확언하다

affirmation n. 단언
affirmative adj. 단정적인
affirmatively adv. 단정적으로

The CFO of Outsider Advantage Equipment **affirmed** the accuracy of the company's annual financial report.

Syn. declare, state, assert, certify

---

05 작년 재무 감사에서 회사의 채무를 줄이는 데 상당한 진전이 있었음이 밝혀졌다.
06 Pilgrimage Group은 쇼핑센터에 바로 근접한 상업용 부지 일부를 취득했다.
07 George는 자기 어머니의 담당 판매원과 이야기하려 했을 때 적절하게 행동했다.
08 Outsider Advantage Equipment의 최고 재무 책임자는 회사의 연례 재무 보고의 정확성을 단언했다.

09 dedication

U.S. [dèdikéiʃən]

n. 헌신, 전념

dedicate v. 헌신하다, 전념하다

Over the course of ten years, Mr. Harding has demonstrated his **dedication** and commitment to the company.

기출 엿보기   dedication to ~에 대한 헌신

Syn. commitment, loyalty, devotion, allegiance

10 brisk

U.S. [brisk]

adj. 호황의, 활발한

briskly adv. 활발하게

Sales for the XP2 gaming system have been **brisk** since the price was lowered to $199.

기출 엿보기   do a brisk business 장사가 잘되다

Syn. quick, lively, energetic, active

11 collide

U.S. [kəláid]

v. 충돌하다, 충돌시키다

collision n. 충돌

Advanced global positioning software helps to prevent airplanes from **colliding** with each other in midair.

기출 엿보기   collide with ~와 의견이 충돌하다
collide head-on 정면 충돌하다

Syn. crash, clash, bump, beat

12 expansion

U.S. [ikspǽnʃən]

n. 확장, 팽창

expand v. 넓히다, 확대하다

expansive adj. 광범위한

The **expansion** of Atlanta's civic center will likely be completed ahead of schedule.

기출 엿보기   corporate expansion 회사의 확장
substantial expansion 큰 규모의 확장

Syn. development, growth, spread, magnification

09 10년 이상 Harding 씨는 회사에 대한 헌신과 성실을 증명해 왔다.
10 XP2 게임에 대한 판매는 가격이 199달러로 하락한 이후 활발해졌다.
11 고도화된 광역 위치 확인 소프트웨어는 비행기들이 공중에서 서로 충돌하지 않도록 도와준다.
12 애틀랜타 시민 회관의 확장 공사는 예정보다 일찍 끝날 것 같다.

13 collaborative
U.S. [kəlǽbərèitiv/-rətiv]
U.K [kəlǽbərətiv]

adj. 협력적인

collaboration n. 협력
collaborator n. 협력자
collaboratively adv. 협력하여

It will take a **collaborative** effort from all members of the IT department to fix the issue.

기출 엿보기 🔍 the result of a collaborative effort 협조적인 노력의 결과

Syn. collective, combining, joint, shared

---

14 defer
U.S. [difə́:r]
U.K [difə́:(r)]

v. 연기하다, 미루다

You should inquire with the bank whether you can **defer** your student loan for another year.

기출 엿보기 🔍 defer until ~까지 연기하다
defer making a decision 결정을 연기하다

Syn. postpone, delay, put off, suspend

---

15 glance
U.S. [glǽns]
U.K [glɑ́:ns]

n. 흘긋 봄
v. 흘긋 보다

I exchanged a worried **glance** with Mr. Whitehorse after hearing that the company was downsizing.

기출 엿보기 🔍 glance through[over] 간단히 훑어보다
glance at the screen 화면을 훑어보다

Syn. peek, look, view, glimpse

---

16 debatable
U.S. [dibéitəbəl]

adj. 논쟁의 여지가 있는, 미해결의

debate v. 토론하다, 논쟁하다

It is **debatable** whether a change in management will actually improve the morale of the employees.

Syn. controversial, arguable, unsettled

---

17 embark
U.S. [embɑ́:rk/im-]
U.K [imbɑ́:k]

v. 착수하다, 태우다

embarkation n. 착수, 탑승

My son is very excited to **embark** on his new career as a graphic designer.

기출 엿보기 🔍 embark on [upon] ~에 착수하다, 나서다

Syn. commence, enter, launch

---

13 그 문제를 해결하기 위해 IT부서 전 직원의 협조적인 노력이 필요하다.
14 학자금 대출을 1년 더 연장할 수 있는지 은행에 문의해 보세요.
15 나는 회사가 인원을 축소한다는 이야기를 듣고 Whitehorse 씨와 걱정스러운 시선을 주고 받았다.
16 경영상의 변화가 직원들의 사기를 실제로 향상시킬지는 논쟁의 여지가 있다.
17 내 아들은 그래픽 디자이너로서의 새로운 경력을 시작하는 데 매우 들떠 있다.

18 inconsistency
U.S. [ìnkənsístənsi]

n. 불일치, 모순

inconsistent adj. 일치하지 않는

The merger was plagued by confusion and **inconsistency** regarding which company policies should be followed.

Syn. difference, disagreement, inequality

19 fierce
U.S. [fíərs]
U.K. [fíəs]

adj. 격렬한, 지독한

Local businesses have voiced **fierce** opposition to the government's newly proposed tax plan.

기출 엿보기 **fierce competition** 치열한 경쟁

Syn. cruel, savage, brutal, aggressive

20 extend
U.S. [iksténd]

v. 연장하다, 베풀다

extension n. 연장, (전화) 내선

It will be a challenge to **extend** the scope of the project while remaining on budget.

기출 엿보기 **extend a deadline** 마감 기한을 늦추다

Syn. reach, amplify, boost, broaden

21 liability
U.S. [làiəbíləti]

n. 책임, (pl.) 채무

The AGH Insurance Company offers several options for car insurance, from full coverage to **liability**.

기출 엿보기 **liability for** ~에 대해 책임이 있는
reduce tax liabilities 납세액을 감면하다

Syn. accountability, burden, compulsion, duty

22 inclined
U.S. [inkláind]

adj. ~하고 싶어 하는, ~하는 경향이 있는

inclination n. 경향, 의향

An excellent commission structure makes salespeople more **inclined** to generate higher revenues for the store.

기출 엿보기 **be inclined to + 동사원형** ~하려는 경향이 있다

Syn. given, prone, likely, apt

---

18 합병은 어느 회사의 정책을 따를 것인지에 대한 혼란과 의견 불일치로 난항을 겪었다.
19 현지 사업체들은 정부가 새로 제안한 세금안에 강력히 반대를 했다.
20 예산을 유지하면서 프로젝트의 기한을 연장하는 것은 어려울 것이다.
21 AGH 보험사는 종합 보험에서 책임 보험에 이르기까지 자동차 보험에 대한 여러 가지 옵션을 제공한다.
22 훌륭한 수수료 체계는 영업 사원으로 하여금 상점을 위해 더 높은 수익을 창출하고 싶어하게끔 한다.

23 flourish

U.S. [flə́:riʃ]
U.K. [flʌ́riʃ]

v. 번창하다, 융성하다

flourishy adj. 화려한, 장식 글씨의

Our committed and loyal employees are the prime reason that our business has continued to **flourish**.

Syn. boom, thrive, prosper, amplify

24 occupant

U.S. [ákjəpənt]
U.K. [ɔ́kjəpənt]

n. 점유자

occupy v. 차지하다
occupational adj. 직업상의

The hotel restricts the number of **occupants** per room to a maximum of four people.

기출 엿보기 **occupants of the car** 차에 타고 있는 사람들

Syn. occupier, resident, tenant, inmate

25 lucrative

U.S. [lú:krətiv]

adj. 수익성 있는, 유리한

lucratively adv. 유리하게

Ms. Neally signed a **lucrative** contract to become the new CEO of Green Garden Producers.

기출 엿보기 **lucrative opportunities** 높은 수익을 올릴 기회

Syn. profitable, rewarding, productive, fruitful

26 improvise

U.S. [ímprəvàiz]

v. 즉석에서 만들다,
임시 대응으로 만들다

improvisation n. 즉흥 연주

If the development team must **improvise** in order to complete the project on schedule, so be it.

기출 엿보기 **improvise on** ~에 ~을 즉석에서 하다

Syn. devise, contrive, concoct, brainstorm

---

23 우리 회사가 지속적으로 번창할 수 있었던 주요한 이유는 성실하고 충실한 직원들 때문이다.
24 그 호텔은 방 하나 당 투숙 인원을 최대 4명으로 제한한다.
25 Neally 씨는 Green Garden Producers의 새로운 최고 경영자가 되기 위해 높은 연봉의 계약에 서명했다.
26 개발팀이 예정대로 프로젝트를 완수하기 위해 급조해야 한다면 그렇게 해야겠죠.

27 remittance

[U.S.] [rimítəns]

n. 송금(액)

remit v. 송금하다, 면제하다
remittee n. 송금 수취인

If you wish to send **remittance** online, please visit our website and follow the appropriate link.

기출 엿보기
> remittance bill 송금환
> promise a remittance 송금을 약속하다

Syn. payment, grant, salary

---

28 susceptible

[U.S.] [səséptəbl]

adj. 영향받기 쉬운,
~에 감염되기 쉬운

susceptibility n. 감염되기 쉬움

Unless we upgrade our firewall, our system will continue to be **susceptible** to attacks by hackers.

기출 엿보기
> susceptible to ~에 걸리기 쉬운

Syn. responsive, sensitive, receptive, impressionable

---

29 liquidate

[U.S.] [líkwidèit]

v. (증권 · 상품을) 현금으로
바꾸다, (부채를) 청산하다

liquidity n. 유동 자금, 유동성
liquidation n. 청산, 해체, 파산

Expert Design Ltd. has been forced to **liquidate** its assets to pay its creditors.

기출 엿보기
> liquidation sale 점포 정리 세일

Syn. convert, exchange, cash out

---

30 transmission

[U.S.] [trænsmíʃən/trænz-]

n. 전달, 전송, 변속기

transmit v. 전달하다

Our electronic document **transmissions** must be protected against any form of unwanted interception.

기출 엿보기
> automatic transmission 자동 변속기
> interruption in transmission 송수신 장애

Syn. broadcast, delivery, dispatch, message

---

27 온라인으로 송금하고 싶으시면, 저희 웹사이트를 방문하셔서 해당 링크를 클릭하세요.
28 우리가 방화벽을 업그레이드하지 않는다면, 우리 시스템은 지속적으로 해커 공격의 위험에 처할 것이다.
29 Expert Design 사는 채권자에게 지불하기 위해 자산을 현금화해야 했다.
30 전자 문서 전송은 어떤 형태의 불필요한 차단으로부터 보호되어야 한다.

Check-up ◀

🎧 Listen and fill in the blanks with the correct words. ⊚MP3

01 Candidates must meet several _____ before they will be admitted into the chemical engineering program.

02 I would like to _____ the high definition televisions along the back wall of the store.

03 Last year's financial _____ revealed that significant progress was made in reducing the company's debt.

04 George acted _____ when he asked to speak to the salesperson serving his mother.

05 Advanced global positioning software helps to prevent airplanes from _____ with each other in midair.

06 You should inquire with the bank whether you can _____ your student loan for another year.

07 It will be a challenge to _____ the scope of the project while remaining on budget.

08 Our committed and loyal employees are the prime reason that our business has continued to _____.

09 If the development team must _____ in order to complete the project on schedule, so be it.

10 Unless we upgrade our firewall, our system will continue to be _____ to attacks by hackers.

---

01 지원자들은 여러 필수 조건들을 충족시켜야만 화학 공학 프로그램에 참여할 수 있다. 02 나는 상점 뒤쪽 벽을 따라 고화질 텔레비전을 전시하고 싶다. 03 작년 재무 감사에서 회사의 채무를 줄이는 데 상당한 진전이 있었음이 밝혀졌다. 04 George는 자기 어머니의 담당 판매원과 이야기하려 했을 때 적절하게 행동했다. 05 고도화된 광역 위치 확인 소프트웨어는 비행기들이 공중에서 서로 충돌하지 않도록 도와준다. 06 학자금 대출을 1년 더 연장할 수 있는지 은행에 문의해 보세요. 07 예산을 유지하면서 프로젝트의 기한을 연장하는 것은 어려울 것이다. 08 우리 회사가 지속적으로 번창할 수 있었던 주요한 이유는 성실하고 충실한 직원들 때문이다. 09 개발팀이 예정대로 프로젝트를 완수하기 위해 급조해야 한다면 그렇게 해야겠죠. 10 우리가 방화벽을 업그레이드하지 않는다면, 우리 시스템은 지속적으로 해커 공격의 위험에 처할 것이다.

 MP3

---

01 wing

U.S. [wiŋ]

n. 부속 건물, 별관

Trillium Health Care will open its new $35-million **wing** to the public on September 16.

기출 엿보기 the new museum wing 새 박물관 부속 건물

Syn. addition, annex, arm, branch

---

02 acceptable

U.S. [əkséptəbəl/æk-]

adj. 받아들일 수 있는

accept v. 받아들이다

At Theisen Ltd., we hold that discrimination on grounds of race, sex, or age is not **acceptable**.

기출 엿보기 be acceptable to ~가 받아들일 만하다, ~에게 만족스럽다
mutually acceptable compromise
상호간에 받아들일 수 있는 타협안

Syn. satisfactory, agreeable, suitable, adequate

---

03 parallel

U.S. [pǽrəlèl/-ləl]

U.K. [pǽrəlel]

n. 유사함
adj. 평행인
adv. 평행으로

Mr. Brooks' new book will explore the **parallels** between the Great Depression and the recent economic collapse.

기출 엿보기 in parallel 병행으로
parallel to ~와 평행인, 평행으로

Syn. similarity, comparison, analogy, resemblance

---

04 abate

U.S. [əbéit]

v. 약해지다, 감소하다

abatement n. 감소

We expect the problem will gradually **abate** and have less of an impact on future growth.

기출 엿보기 abate a nuisance (피해자가 스스로) 불법 방해 요인을 제거하다

Syn. decline, decrease, diminish, dwindle

---

01 Trillium Health Care는 9월 16일에 3,500만 달러의 신축 별관을 대중에 공개할 것이다.
02 Theisen 사에서 우리는 인종, 성별 또는 나이에 따른 차별은 받아들일 수 없다고 생각한다.
03 Brooks 씨의 새 책은 대공황과 최근 경제 붕괴 사이의 유사성들에 대해 탐색할 것이다.
04 우리는 그 문제가 점차 감소하여 미래의 성장에 영향을 덜 미치기를 기대한다.

05 catastrophe

U.S. [kətǽstrəfi/-fiː]
U.K. [kətǽstrəfi]

n. 대실패, 불행

catastrophic adj. 큰 재앙의

The last advertising campaign that our company launched was an absolute **catastrophe**.

기출 엿보기
a catastrophe for[to] ~에게 닥친 재난, 피해
a financial catastrophe 재정 파탄

Syn. disaster, calamity, tragedy, adversity

06 align

U.S. [əláin]

v. 같은 태도를 취하게 하다, 정렬시키다

alignment n. 정렬

The unions are **aligning** themselves with the government on the issue of job security in the sector.

기출 엿보기
align with ~에 맞추어 조정하다
keep them properly aligned 가지런히 정렬해 놓다

Syn. adjust, allineate, parallel, order

07 assuredly

U.S. [əʃúːridli]
U.K. [əʃúərədli]

adv. 틀림없이

assure v. 보장하다, 안심시키다
assured adj. 보증된

Our cosmetics company most **assuredly** does not test any of its products on animals.

기출 엿보기
most assuredly 틀림없이

Syn. definitely, absolutely, certainly, definitely

08 ascertain

U.S. [æsərtéin]
U.K. [æsətéin]

v. (사실·진실 등을) 확인하다, 규명하다

ascertainment n. 확인, 규명
ascertainable adj. 확인할 수 있는

A government probe has been launched to **ascertain** the quality of education provided by private career colleges.

Syn. check, determine, identify, confirm

---

05 우리 회사가 실시한 지난 광고 캠페인은 완전한 실패였다.
06 노조는 그 부문에서 고용 보장 문제에 대해 정부와 같은 입장을 취하고 있다.
07 저희 화장품 회사는 틀림없이 어떠한 상품도 동물을 대상으로 실험하지 않습니다.
08 사립 직업 전문 학교들이 제공하는 교육의 질을 확인하기 위해 정부 조사가 시작되었다.

09 discrepancy

U.S. [diskrépənsi]

n. 불일치, 차이

discrepant adj. 일치하지 않는

An error in the shipping logs caused a minor **discrepancy** in the inventory results.

기출 엿보기
discrepancy in ~에서의 차이
discrepancy between A and B A와 B 사이의 모순, 불일치

Syn. disagreement, difference, variation, conflict

10 cautious

U.S. [kɔ́ːʃəs]

adj. 조심성 있는, 신중한

caution n. 주의, 조심
v. ~에게 주의시키다

Online consumers should be **cautious** when using public WiFi connections that may not be secure.

기출 엿보기
with caution 조심하여, 신중히
use[exercise] caution 조심하다

Syn. careful, guarded, alert

11 defy

U.S. [difái]

v. 무시하다, 저항하다

defiance n. 무시, 저항
defiant adj. 무시하는

William claims that he did not intentionally **defy** his supervisor's order last week.

기출 엿보기
defy description 형언할 수 없다

Syn. resist, oppose, confront, disregard

12 equality

U.S. [i(ː)kwáləti]
U.K. [ikwɔ́ləti]

n. 평등, 대등

equal adj. 동등한, 똑같은

Our company's training course specifically tackles the issue of maintaining **equality** in the workplace.

기출 엿보기
racial equality 인종적 평등

Syn. fairness, fair treatment, identity, similarity

13 definitive

U.S. [difínətiv]

adj. 최종적인, 완성된

definitively adv. 최종적으로

The Red Wing Corporation has signed a **definitive** agreement to acquire the remaining shares of ICP Inc.

Syn. final, absolute, decisive, conclusive

09 선적 기록의 실수로 인해 재고 목록 상에 약간 어긋남이 있었다.
10 온라인 소비자들은 안전하지 않을지도 모르는 공공 WiFi 접속을 이용할 때 주의해야 한다.
11 William은 지난주에 상사의 지시를 고의로 무시한 것이 아니라고 주장한다.
12 우리 회사의 연수 과정은 특히 직장 내 평등 유지 문제를 다룬다.
13 Red Wing 사는 ICP 사의 나머지 주식을 사겠다는 최종 합의안에 서명했다.

14 embrace
U.S. [embréis/im-]
U.K. [imbréis]

v. 받아들이다, 포용하다

embracement n. 수락

The office staff will **embrace** the new software once they become more familiar with it.

Syn. accept, admit, adopt, comprehend

15 gratitude
U.S. [grǽtətù:d]
U.K. [grǽtətjù:d]

n. 감사(하는 마음)

grateful adj. 감사하게 생각하는

Emily wrote me a "Thank You" note to express her **gratitude** for my help.

기출엿보기 in gratitude for ~에 감사하여

Syn. thanks, appreciation, gratefulness

16 exceptional
U.S. [iksépʃənəl]

adj. 예외적인, 뛰어난

exceptionally adv. 예외적으로

Ms. Swanson has demonstrated **exceptional** leadership skills since being promoted to vice president of operations.

기출엿보기 an exceptional promotion 이례적인 승진

Syn. remarkable, special, extraordinary, outstanding

17 familiarize
U.S. [fəmíljəràiz]
U.K. [fəmíliəràiz]

v. 익숙하게 하다, 친하게 하다

familiarity n. 정통
familiar adj. 정통한, 친한

Commercial real estate agents should **familiarize** themselves with zoning by-laws before presenting properties to clients.

기출엿보기 familiarize with ~와 익숙하게 하다

Syn. accustom, adapt, adjust

---

14 일단 사무실 직원들이 그 소프트웨어에 익숙해지면, 그 소프트웨어를 수용할 것이다.
15 Emily는 내 도움에 대한 감사를 표하기 위해 내게 감사 편지를 썼다.
16 Swanson 씨는 운영 담당 부사장으로 승진된 이후 뛰어난 리더십을 증명해 왔다.
17 상업용 부동산 중개인은 고객들에게 땅을 보여주기 전에 지역제 관련 조례를 잘 알아야 한다.

18 increment

[U.S.] [ínkrəmənt/íŋ-]
[U.K.] [íŋkrəmənt]

n. 증가, 인상

incremental adj. 증가의

Each employee will receive an annual salary **increment** based on their performance review.

기출 엿보기 🔍 in increments of four payments 4회 분할 납부로

[Syn.] advancement, enlargement, increase, raise

19 inexact

[U.S.] [ìnigzǽkt]

adj. 부정확한, 엄밀하지 못한

inexactly adv. 부정확하게

Marketing a product is an **inexact** science that can be fraught with risk.

[Syn.] accurate, correct, specific, precise

20 inaugurate

[U.S.] [inɔ́:gjərèit]

v. 정식으로 ~을 개시하다, 취임시키다

inauguration n. 개시, 개회식

The chairman will be on hand to **inaugurate** the opening of the company's 50th retail store.

기출 엿보기 🔍 inaugurate as ~으로 취임시키다

[Syn.] initiate, launch, commence, start

21 litigation

[U.S.] [lìtəgéiʃən]

n. 소송, 기소

litigate v. 소송을 제기하다

Brenda Morris is a well respected defense lawyer with an extensive background in civil **litigation**.

기출 엿보기 🔍 in litigation 소송 중에
health-related litigation 건강과 관련된 소송

[Syn.] lawsuit, case, action, prosecution

---

18 각 직원은 성과 평가에 기초하여 매년 봉급 인상을 받을 것이다.
19 상품을 마케팅하는 것은 위험이 따를 수 있는 부정확한 과학이다.
20 회장은 회사의 50호 소매점의 오픈 행사를 개최하는 데 참석할 것이다.
21 Brenda Morris는 민사 소송에 다양한 경력이 있는, 대단히 존경받는 변호사이다.

22 lax

U.S. [læks]

adj. 느슨한, (행동이) 규율에 못 미치는

The government has hired consultants to offer advice on how to reform their **lax** environmental regulations.

기출 엿보기
lax in ~에 느슨한
lax security 느슨한 보안

Syn. loose, easygoing, inaccurate, lenient

23 magnify

U.S. [mǽgnəfài]

v. 확대하다

magnification n. 확대, 과장
magnificent adj. 훌륭한, 뛰어난

I prefer to **magnify** documents on my computer to make them easier to read.

Syn. enlarge, increase, boost, expand

24 occurrence

U.S. [əkɔ́:rəns/əkʌ́r-]
U.S. [əkʌ́runs]

n. 발생, 사건

occur v. 발생하다, 일어나다

Only 8% of those responding to the online poll believed that credit card fraud is a rare **occurrence**.

기출 엿보기
reduce the occurrence of personal injuries
인적 상해의 발생률을 줄이다

Syn. incident, happening, event, fact

25 restrictive

U.S. [ristríktiv]

adj. 제한하는, 한정하는

restrict v. 제한하다
restriction n. 제한
restrictively adv. 제한적으로

I choose to remain self-employed because I find working for other people far too **restrictive.**

기출 엿보기
a restrictive monetary policy 금융 긴축 정책

Syn. definitive, exclusive, limiting, selective

26 recline

U.S. [rikláin]

v. 눕다, 기대다, 눕히다

My new **reclining** office chair may have been a little expensive, but I'm glad I purchased it.

기출 엿보기
recline against a fence 울타리에 기대다

Syn. lean, rest, slope, tilt

---

22 정부는 느슨한 환경 규제 개혁 방법에 대해 조언해 줄 고문들을 고용했다.
23 나는 읽기 쉽도록 컴퓨터에서 문서들을 확대하는 것을 선호한다.
24 온라인 설문 조사의 응답자들 중 8%만이 신용카드 사기가 거의 발생하지 않는다고 생각했다.
25 다른 사람들을 위해 일하는 것은 너무 제한적이기 때문에 나는 계속해서 자영업을 하기로 결정했다.
26 등받이가 젖혀지는 사무실의 새 의자는 약간 비쌌을지는 몰라도 나는 그것을 구매한 것이 기쁘다.

Day 03

27 persistence
U.S. [pəːrsístəns]
U.K. [pəːsístəns]

n. 지속, 집요함

persist v. 고집하다
persistent adj. 고집하는

Miss Taylor's **persistence** and infectious enthusiasm have helped the firm achieve international success.

 with persistence 집요하게
by the persistence of the recession
계속되는 경기 침체로 인해

Syn. constancy, endurance, perseverance, resolution

28 temporarily
U.S. [tèmpərérəli]
U.K. [témpərərəli]

adv. 일시적으로

temporary adj. 일시적인

The main sales office is closed **temporarily** for renovations, but you can visit one of our branch locations.

 temporarily out of stock 일시적으로 품절된
be temporarily suspended 잠시 보류되다

Syn. briefly, impermanently, transiently

29 subsequent
U.S. [sʌ́bsikwənt]

adj. 그 후의, 다음의

subsequently adv. 그 후에

Many **subsequent** reports have rebuked the initial findings of the internal financial auditor.

 subsequent to ~후에
during the subsequent two years 향후 2년 동안
subsequent to receiving the phone call
전화를 받은 데 이어

Syn. following, later, succeeding, successive

30 transparency
U.S. [trænspɛ́ərənsi/-pǽr-]
U.K. [trænspɛ́ərənsi]

n. 투명(도)

transparent adj. 투명한

The public is demanding greater **transparency** into how government expense accounts are managed by the current administration.

 desire for transparency 투명성에 대한 욕구

Syn. clearness, clarity

---

27 Taylor 씨의 고집과 전염성 있는 열정은 회사가 국제적 성공을 얻는 데 일조했다.
28 판매 본사는 개보수 작업을 위해 일시적으로 문을 닫지만 저희 지점들은 아무 데나 이용하실 수 있습니다.
29 이후의 많은 보도들은 내부 회계 감사관의 초기 결과를 비난했다.
30 대중은 정부의 비용 계정을 현 정부가 어떻게 관리하는지 더욱 투명하게 하도록 요구하고 있다.

Check-up ◀

🎧 Listen and fill in the blanks with the correct words. ⓔMP3

01 Mr. Brooks' new book will explore the _____ between the Great Depression and the recent economic collapse.

02 The unions are _____ themselves with the government on the issue of job security in the sector.

03 An error in the shipping logs caused a minor _____ in the inventory results.

04 Online consumers should be _____ when using public WiFi connections that may not be secure.

05 Ms. Swanson has demonstrated _____ leadership skills since being promoted to vice president of operations.

06 Each employee will receive an annual salary _____ based on their performance review.

07 The chairman will be on hand to _____ the opening of the company's 50th retail store.

08 Only 8% of those responding to the online poll believed that credit card fraud is a rare _____.

09 The main sales office is closed _____ for renovations, but you can visit one of our branch locations.

10 Many _____ reports have rebuked the initial findings of the internal financial auditor.

---

01 Brooks 씨의 새 책은 대공황과 최근 경제 붕괴 사이의 유사성들에 대해 탐색할 것이다. 02 노조는 그 부문에서 고용 보장 문제에 대해 정부와 같은 입장을 취하고 있다. 03 선적 기록의 실수로 인해 재고 목록 상에 약간 어긋남이 있었다. 04 온라인 소비자들은 안전하지 않을지도 모르는 공공 WiFi 접속을 이용할 때 주의해야 한다. 05 Swanson 씨는 운영 담당 부사장으로 승진된 이후 뛰어난 리더십을 증명해 왔다. 06 각 직원은 성과 평가에 기초하여 매년 봉급 인상을 받을 것이다. 07 회장은 회사의 50호 소매점의 오픈 행사를 개최하는 데 참석할 것이다. 08 온라인 설문 조사의 응답자들 중 8%만이 신용카드 사기가 거의 발생하지 않는다고 생각했다. 09 판매 본사는 개보수 작업을 위해 일시적으로 문을 닫지만 저희 지점들은 아무 데나 이용하실 수 있습니다. 10 이후의 많은 보도들은 내부 회계 감사관의 초기 결과를 비난했다.

MP3

01 **acclaim**

U.S. [əkléim]

n. 칭찬, 찬사
v. 찬사를 보내다, 갈채를 보내다

Safe Soul's now portable ultrasound machine has attracted considerable **acclaim** within the medical community.

 기출
엿보기
wide acclaim 폭넓은 인정
receive critical acclaim 비평가들의 호평을 받다

Syn. praise, celebrate, cheer, admire

02 **ailing**

U.S. [éiliŋ]

adj. 침체한, 병든, 괴로워하는

ailment n. 병

Canada's prime minister has stated that the country's **ailing** economy has started to recover.

 기출
엿보기
the ailing company 부실한 회사
the ailing U.S. economy 침체된 미국 경제

Syn. weak, poor, unstable, deficient

03 **particularly**

U.S. [pərtíkjulərli]
U.K. [pətíkjuləli/-kjuli]

adv. 특히

particular adj. 특별한, 특정한

Ms. Summers will play a **particularly** important role in the development of relations with our business partners.

 기출
엿보기
particularly small items 특히 작은 품목들
particularly welcome those from ~출신들을 특히 환영하다

Syn. specifically, expressly, explicitly, especially

04 **abolish**

U.S. [əbáliʃ]
U.K. [əbɔ́ːʃ]

v. (제도 · 법률 등을) 폐지하다

abolition n. 폐지

The commitment to **abolish** child poverty is a key objective of the new administration.

Syn. do away with, destroy, eliminate

---

01 Safe Soul의 새 휴대용 초음파 기계는 의료 사회에 상당한 찬사를 이끌어냈다.
02 캐나다 총리는 국가의 침체된 경제가 회복되기 시작했다고 말했다.
03 Summers 씨는 우리 사업 파트너들과의 관계 발달에 특히 중요한 역할을 하게 될 것이다.
04 아동 빈곤을 퇴치하는데 전념하는 것이 새 행정부의 핵심 목표이다.

05 by-product

U.S. [báiprɑ̀dʌkt]
U.K. [báiprɔ̀dʌkt]

n. 부산물, 부차적인 결과

Light pollution is a **by-product** of keeping our cities and towns illuminated at night.

 기출 엿보기
industrial by-product 산업 폐기물
disposal of industrial by-product matters
산업 폐기물 처리

Syn. side-effect, after-effect, consequence, repercussion

06 back-up

U.S. [bǽkʌ̀p]

adj. 지원의, 예비의
n. (컴퓨터) 백업

The **back-up** power generator ensured that the building's emergency lights remained lit during the power outage.

기출 엿보기
do a back-up 백업하다
make a back-up copy 백업 파일을 만들어 두다

Syn. second, substitute, another

07 concurrently

U.S. [kənkə́ːrəntli]
U.K. [kənkʌ́rəntli]

adv. 동시에 발생하는

concur v. 동시에 일어나다
concurrence n. 동시 발생, 동의
concurrent adj. 동시 발생의

I would like to inquire if I can pursue two degree programs **concurrently** at your university.

기출 엿보기
be concurrent with ~와 동시 발생하다

Syn. simultaneously, jointly, contemporaneously

08 capitalize

U.S. [kǽpətəlàiz]

v. 이용하다, 이득을 취하다

capital n. 자본

Intelligent investors may be able to **capitalize** on the declining value of stocks during the recession.

기출 엿보기
capitalize on ~을 이용하다

Syn. gain, obtain, profit

---

05 빛 공해는 우리가 밤에 도시와 마을을 밝게 함으로써 생긴 부차적 결과이다.
06 예비 발전기는 정전된 동안 건물의 비상등이 계속 켜져 있도록 해주었다.
07 이 대학에서 학위 프로그램 두 개를 동시에 진행할 수 있는지 어쩌보고 싶습니다.
08 현명한 투자자들은 경기 침체 동안 하락하는 주가를 이용할 수 있을지도 모른다.

09 discretion

[U.S.] [diskréʃən]

n. 재량, 자유

discreet adj. 사려 깊은

The decision to negotiate a discount for the client should be left to the **discretion** of the manager.

기출 엿보기
with discretion 신중하게
at one's discretion ~가 원하는 대로, ~의 결정에 따라

Syn. tact, consideration, caution, diplomacy

10 commensurate

[U.S.] [kəménʃərət]

adj. 비례한, 액수가 상응하는

commensurately
adv. 약분할 수 있도록

We will offer you a competitive salary and benefits package **commensurate** with your previous experience.

기출 엿보기
be commensurate with ~에 비례하다

Syn. comparable, compatible, equivalent

11 deregulate

[U.S.] [diːrégjulèit]

v. 규칙을 폐지하다

deregulation n. 규제 해제

Several South American countries have agreed to **deregulate** their energy markets starting in the new year.

Syn. decontrol, denationalize

12 environmentalist

[U.S.] [invàirənméntəlist/en-]
[U.K] [invàirənméntəlist]

n. 환경론자

environment n. 환경
environmental adj. 환경의

Over the past decade, **environmentalists** have successfully influenced the government to enact strict environmental regulations.

기출 엿보기
environmental protection 환경 보호

Syn. ecologist, greenie, naturalist

---

09 고객을 위해 할인을 해줄지에 대한 결정은 매니저의 재량에 달려 있다.
10 저희는 당신의 경력에 비례하는 경쟁력 있는 임금과 복지 혜택을 제공할 것입니다.
11 여러 남미 국가들은 내년에 시작되는 에너지 시장의 규제를 폐지하는 데 합의했다.
12 지난 10년간 환경론자들은 정부가 엄격한 환경 규제들을 시행하는 데 성공적인 영향을 끼쳤다.

13 dependable

U.S. [dipéndəbl]

adj. 신뢰할 수 있는

depend v. ~에 달려 있다
dependent adj. 독립적인, 외부의

Solar Systems Inc. offers **dependable** and affordable solar panels for residential households and businesses.

기출 엿보기 **dependable** coverage 신뢰할 수 있는 보장 범위

Syn. reliable, faithful, secure, stable

14 enact

U.S. [enǽkt/in-]
U.K. [inǽkt]

v. (법률을) 제정하다

enactment n. 제정

The proposed legislation appears to be based on regulations that have been **enacted** in other jurisdictions.

기출 엿보기 **enact** legislation 법안을 제정하다

Syn. establish, order, command, approve

15 gratuity

U.S. [grətúːəti]
U.K. [grətjuːəti]

n. 팁, 봉사료

The price of the hotel room includes a **gratuity** for services rendered.

Syn. tip, gift, bonus

16 foreseeable

U.S. [fɔːrsíːəbl]
U.K. [fɔːsíːəbl]

adj. 예측 가능한, 예상되는

foresee v. 예견하다

The CFO of Banktrust expects current credit restrictions to be eased for the **foreseeable** future.

기출 엿보기 in the **foreseeable** future 머지않아, 곧
for the **foreseeable** future 당분간

Syn. predictable, countable, discoverable, estimable

---

13 Solar Systems 사는 가정 및 사업체들을 위한 신뢰할 수 있고 저렴한 태양 전지판을 제공한다.
14 제안된 법안은 다른 법역에서 제정되었던 규정들에 기반을 두고 있는 것 같다.
15 호텔 방 가격에는 제공된 서비스에 대한 봉사료가 포함된다.
16 Banktrust의 최고 재무 책임자는 당분간 현재 신용 제한이 완화될 것이라고 예상한다.

17 **forfeit**

U.S. [fɔ́:rfit]
U.K. [fɔ́:fit]

v. (벌로서 권리 · 재산 등을) 잃다, 몰수당하다
n. 벌금, 박탈

forfeiture n. 몰수, 상실

Developers of the doomed housing project had to **forfeit** their initial $20,000 deposit.

기출 엿보기 forfeit the deposit 보증금을 잃다

Syn. relinquish, lose, give up, surrender

18 **insulation**

U.S. [ìnsəléiʃən/-sjə-]
U.K. [ìnsjuléiʃən]

n. 단열(재), 절연(체)

insulate v. 단열하다, 절연하다

Our company has developed a new type of foam **insulation** that is easier to install and less costly.

기출 엿보기 insulation from ~로부터의 격리
the condition of insulation 절연 상태

Syn. nonconductor, protector, resistant material

19 **insubordinate**

U.S. [ìnsəbɔ́:rdənit]
U.K. [ìnsəbɔ́:dənit]

adj. 반항하는, 복종하지 않는

insubordinately adv. 반항하게

Any employee that is **insubordinate** or rude to a client will have their employment terminated.

Syn. ungovernable, unruly, disobedient, disorderly

20 **infer**

U.S. [infə́:r]
U.K. [infə́:(r)]

v. 추론하다, 추리하다

inference n. 추론, 추리

Am I to **infer** from your statement that you are unhappy with the progress of the project?

기출 엿보기 infer from ~로부터 추론하다

Syn. assume, conceive, deem, estimate

---

17 불운한 주택 단지의 개발자들은 초기 보증금 2만 달러를 잃어야 했다.
18 우리 회사는 설치하기 더 쉽고 가격이 더 저렴한 새로운 형태의 발포성 단열재를 개발했다.
19 고객에게 반항하거나 무례한 직원은 누구라도 해고될 것이다.
20 당신의 말씀에 의하면 프로젝트의 진행 상황에 불만족스러우시다고 생각해도 되겠습니까?

21 mastermind

[U.S.] [mǽstərmàind]
[U.K.] [mɑ́:stəmàind]

n. 입안자, 지도자
v. 주모자로서 지휘하다

Mr. Robert Coul is the **mastermind** behind a small chain of successful sporting goods stores.

기출 엿보기 🔍 mastermind behind ~의 배후에서 주모하다

Syn. organizer, director, manager, engineer

22 malign

[U.S.] [məláin]

adj. 해로운
v. 헐뜯다

malignity n. 악의, 앙심
malignant adj. 악의가 있는

The financial team's decisions had a **malign** influence on the design of new products.

Syn. destructive, harmful, hateful, hostile

23 obstruct

[U.S.] [əbstrʌ́kt]

v. 차단하다, 방해하다

obstruction n. 방해(물)
obstructive adj. 방해하는

I couldn't see the president because my view was **obstructed** by his security detail.

기출 엿보기 🔍 obstruct the view 전망을 가로막다

Syn. hinder, block

24 outskirt

[U.S.] [áutskə̀:rt]

n. 외곽, 변두리

Construction on a new retail plaza has commenced on the **outskirts** of town.

기출 엿보기 🔍 on the outskirts of ~의 외곽에, 변두리에

Syn. edge, boundary, suburbs, fringe

25 observant

[U.S.] [əbzə́:rvənt]
[U.K.] [əbzə́:vənt]

adj. 엄수하는, 주의 깊은

observe v. 준수하다
observance n. 준수

We expect that all of our employees will be **observant** of the company's environmental regulations.

기출 엿보기 🔍 observant of ~을 준수하는

---

21 Robert Coul 씨는 성공한 스포츠 용품의 소규모 체인점 배후의 총괄자이다.
22 재무팀의 결정은 신상품의 디자인에 해로운 영향을 끼쳤다.
23 나는 시야가 경호원에게 가려져 대통령을 볼 수 없었다.
24 새로운 소매점 건설이 시 외곽에 착공되었다.
25 우리는 모든 직원들이 회사의 환경 규정을 준수하기를 기대한다.

26 recollect

U.S. [rèkəlékt]

v. 기억하다, 회상하다

recollection n. 기억, 회상

Joanna emailed me because she was unable to **recollect** which office supplies needed to be ordered.

 as far as I recollect 내가 기억하는 한에서는

27 relocation

U.S. [rì:loukéiʃən]

n. 이전, 재배치

relocate v. 이전하다

The **relocation** of our head office to Los Angeles, California, was completed last week.

 relocation of the head office 본사 건물의 이전

Syn. change of address, change of residence, move, remotion

28 tentative

U.S. [téntətiv]

adj. 주저하는, 임시적인, 잠정적인

tentatively adv. 임시로

The board of directors appeared to be **tentative** about accepting the consultant's recommendations.

 a tentative plan 시안
a tentative conclusion 임시 결론

Syn. unconfirmed, provisional, indefinite, test

29 subsidize

U.S. [sʌ́bsədàiz]

v. 보조금을 지급하다

subsidy n. 보조금

The transit commission has asked the government to help **subsidize** the cost of purchasing twelve new buses.

 be offered at a subsidized price
보조금을 받는 조건으로 구매되다

Syn. contribute, endow, fund, sponsor

30 trustee

U.S. [trʌstí:]

n. 이사, 수탁자
v. 수탁자의 손에 넘겨 주다

The election to vote for the new district's school **trustee** will take place on July 27.

 the chairman of the board of trustees 이사회의 의장

Syn. agent, custodian, executor, guardian

---

26 Joanna는 주문해야 할 사무 용품이 무엇인지 기억나지 않아서 내게 이메일을 보냈다.
27 우리 본사의 캘리포니아 주 로스앤젤레스로의 이전은 지난주에 완료되었다.
28 이사회는 컨설턴트의 조언을 받아들이는 것에 대해 주저하고 있는 것 같았다.
29 교통 위원회는 정부에게 12대의 새 버스 구매 비용에 보조금을 지급해 달라고 요청했다.
30 새로운 지역의 학교 이사를 선출하기 위한 선거가 7월 27일에 열릴 것이다.

Check-up ◀

🎧 Listen and fill in the blanks with the correct words. ⊙ MP3

01 Safe Soul's new portable ultrasound machine has attracted considerable _____ within the medical community.

02 Ms. Summers will play a _____ important role in the development of relations with our business partners.

03 I would like to inquire if I can pursue two degree programs _____ at your university.

04 The decision to negotiate a discount for the client should be left to the _____ of the manager.

05 The CFO of Banktrust expects current credit restrictions to be eased for the _____ future.

06 Am I to _____ from your statement that you are unhappy with the progress of the project?

07 I couldn't see the president because my view was _____ by his security detail.

08 Joanna emailed me because she was unable to _____ which office supplies needed to be ordered.

09 The board of directors appeared to be _____ about accepting the consultant's recommendations.

10 The election to vote for the new district's school _____ will take place on July 27.

01 Safe Soul의 새 휴대용 초음파 기계는 의료 사회에 상당한 찬사를 이끌어냈다. 02 Summers 씨는 우리 사업 파트너들과의 관계 발달에 특히 중요한 역할을 하게 될 것이다. 03 이 대학에서 학위 프로그램 두 개를 동시에 진행할 수 있는지 여쭤보고 싶습니다. 04 고객을 위해 할인을 해줄지에 대한 결정은 매니저의 재량에 달려 있다. 05 Banktrust의 최고 재무 책임자는 당분간 현재 신용 제한이 완화될 것이라고 예상한다. 06 당신의 말씀에 의하면 프로젝트의 진행 상황에 불만족스러우시다고 생각해도 되겠습니까? 07 나는 시야가 경호원에게 가려져 대통령을 볼 수 없었다. 08 Joanna는 주문해야 할 사무 용품이 무엇인지 기억나지 않아서 내게 이메일을 보냈다. 09 이사회는 컨설턴트의 조언을 받아들이는 것에 대해 주저하고 있는 것 같았다. 10 새로운 지역의 학교 이사를 선출하기 위한 선거가 7월 27일에 열릴 것이다.

Day 04   43

Day 05

01 antibiotic

U.S. [æ̀ntibaiátik]
U.K. [æ̀ntibaiótik]

n. (보통 pl.) 항생제

Please ensure that you take these **antibiotics** as directed by your family physician.

기출 엿보기   novel antibiotics 새로운 항생제

Syn. amoxicillin, ampicillin, erythromycin, penicillin

---

02 appreciative

U.S. [əprí:ʃətìv/-ʃièi-]
U.K. [əprí:ʃətiv]

adj. 감사의, 감식력이 있는

appreciate v. 감사하다
appreciation n. 식별, 인지

The fundraising committee is **appreciative** of all the donations that have been made tonight.

기출 엿보기   be appreciative of ~에 감사하다

Syn. grateful, indebted, obliged, responsive

---

03 systematically

U.S. [sìstəmǽtikəli]

adv. 조직적으로

systematic adj. 조직적인

As soon as Bill Leman took over control of the company, he **systematically** began reorganizing its major divisions.

기출 엿보기   be brief and conducted systematically 간략하고 조직적으로 행해지다

Syn. consistently, in order, methodically, regularly

---

04 accuse

U.S. [əkjú:z]

v. 비난하다, 고소하다

accusation n. 비난, 고소

Critics of the plan **accuse** the Ministry of Agriculture of not providing enough funding to small farms.

기출 엿보기   accuse A of B B에 대해 A를 비난하다

Syn. allege, apprehend, arrest, blame

---

01 담당 가정의가 지시한 대로 이 항생제를 복용하십시오.
02 기금 관리 위원회는 오늘 밤 내주신 모든 기부금에 대해 감사를 드립니다.
03 Bill Leman이 그 회사의 경영권을 인수하자마자 그는 체계적으로 회사의 주요 부서들을 재편성하기 시작했다.
04 그 계획의 비평가들은 농업부가 작은 농장에 충분한 지원금을 제공하지 않았다고 비난한다.

05 **bulletin**

U.S. [búlətin]

n. 게시, 회보, 속보

The Workopedia employment website circulates a weekly jobs **bulletin** to all of its subscribers.

기출 엿보기 🔍 a news bulletin 뉴스 속보
electronic bulletin boards 전자 게시판

Syn. report, statement, message, announcement

06 **bewildering**

U.S. [biwíldəriŋ]

adj. 당혹케 하는

bewilder v. 당황하게 하다
bewilderment n. 당황

Initially, I found my uncle's decision to pursue a career as a construction worker to be utterly **bewildering**.

Syn. amazing, astounding, extraordinary

07 **stringently**

U.S. [stríndʒəntli]

adv. 엄격히, 엄중하게

stringent adj. 엄격한

Following the economic downturn, citizens demanded that their governments regulate the financial sector more **stringently**.

기출 엿보기 🔍 be stringently searched for ~때문에 엄격하게 검사받다

Syn. rigorously, stringently, surely

08 **strive**

U.S. [stráiv]

v. 노력하다, 애쓰다

strife n. 투쟁

At GlobalDynamics, we **strive** to give our customers the very best service possible.

기출 엿보기 🔍 strive to + 동사원형[for + 명사] ~하려고 애쓰다

Syn. attempt, endeavor, struggle

---

05 Workopedia 취업 사이트는 모든 구독자들에게 주간 취업 정보 게시물을 배포한다.
06 처음에 나는 건설 노동자라는 직업으로 방향을 정한 삼촌이 상당히 당황스러웠다.
07 경기 침체에 따라, 시민들은 정부가 금융 부문을 좀 더 엄격하게 규제할 것을 요구했다.
08 GlobalDynamics에서 우리는 고객들에게 가능한 한 최상의 서비스를 제공하도록 노력한다.

09 dismissal
U.S. [dismísəl]

n. 해고, 면직

dismiss v. 해고하다

An ex-employee of Heartback Inc. has launched a $500,000 wrongful **dismissal** lawsuit against his former employer.

 a dismissal from ~에서의 해고
improper dismissal 부당한 해고

Syn. deposal, discharge, removal

10 envious
U.S. [énviəs]

adj. 부러워하는, 질투하는

envy v. 부러워하다

Britney is **envious** of me because I was promoted to supervisor over her.

 be envious of ~을 부러워하다

Syn. aspiring, desiring, malicious, spiteful

11 deteriorate
U.S. [ditíəriərèit]

v. 악화되다, 더 나빠지다, 악화시키다

deterioration n. 악화

Quality Paints Inc. has recalled an outdoor wood stain because it prematurely **deteriorates** in poor weather.

Syn. decline, worsen, degenerate, slump

12 enclosure
U.S. [enklóuʒər/in-]
U.K. [inklóuʒə(r)]

n. 둘러쌈, 포위, 동봉(물)

enclose v. 에워싸다, 동봉하다

The warehouse is protected by four security guards, twelve security cameras, and a large fenced **enclosure**.

Syn. building, close, cage

13 gradually
U.S. [grǽdʒuəli]

adv. 점차적으로

gradual adj. 점진적인

Those who agreed with the director's viewpoints were **gradually** promoted up the ranks of the company.

 reduce it's workforce gradually
직원 수를 점차적으로 감소시키다

Syn. constantly, continuously, deliberately, increasingly

---

09 Heartback 사의 전 직원은 전 고용주를 상대로 50만 달러의 부당 해고 소송을 제기했다.
10 Britney는 내가 그녀보다 먼저 주임으로 승진한 것을 부러워했다.
11 Quality Paints 사는 실외 목재 착색제가 악천후에 너무 빨리 악화되어 제품을 회수했다.
12 그 창고는 4명의 경호원, 12대의 보안 카메라, 그리고 큰 울타리가 둘러싸고 지키고 있다.
13 이사의 관점에 동의한 사람들은 점점 회사에서의 지위가 높아졌다.

14 endorse

U.S. [endɔ́:rs/in-]
U.K. [indɔ́:s]

v. 추천하다, 배서하다, 지지하다

endorsement n. 보증, 지지

The marketing manager wants to find a notable celebrity to **endorse** the company's line of clothing.

기출 엿보기
endorse one's opinion ~의 의견을 지지하다
endorse over a bill to (어음)에 배서하여 ~에게 양도하다

Syn. acquaintance, advance, advise, announce

15 hesitation

U.S. [hèzətéiʃən]

n. 주저, 망설임

hesitate v. 주저하다, 망설이다
hesitative adj. 주저하는

After some **hesitation**, I agreed to accept the job position and relocate to Hong Kong.

기출 엿보기
without hesitation 망설임 없이
hesitation about[in] ~에 대한 주저, 망설임

Syn. delay, pause, reluctance

16 historical

U.S. [histɔ́(:)rikəl]

adj. 역사상의

historic adj. 역사상 유명한
historically adv. 역사적으로

The **Historical** Business Society has prepared an exhibit to honor the development of telecommunications.

기출 엿보기
a historical cemetery 유서깊은 묘지
a historical landmark 역사적 이정표

Syn. factual, real, documented, ancient

17 formalize

U.S. [fɔ́:rməlàiz]
U.K. [fɔ́:məlàiz]

v. 정식화하다, 형성하다

form n. 서식, 형식, 관행
formal adj. 정식의, 공식적인
formally adv. 정식으로, 의례적으로

We need to immediately contact the export director to **formalize** the shipping agreement.

기출 엿보기
formalize one's employment ~을 정식으로 채용하다

Syn. ascertain, denote, designate

---

14 그 마케팅 매니저는 회사의 의류를 홍보하기 위해 유명 인사를 찾고 싶어 한다.
15 약간 망설이다가 나는 그 일자리를 받아들여 홍콩으로 이주하는 것에 동의했다.
16 역사 경영 학회는 통신 개발을 기념하기 위한 전시회를 준비했다.
17 우리는 운송 계약을 공식화하기 위해 수출 담당 팀장에게 즉시 연락해야 한다.

18 integrity
[U.S] [intégrəti]

n. 성실, 완전(한 상태)

integral adj. 완전한

Scott demonstrated plenty of **integrity** by admitting to his mistake and offering to rectify it.

기출 엿보기
government integrity 정부 청렴도
preserve the integrity of ~을 완전한 상태로 유지하다

Syn. honesty, principle, honour, virtue

19 meteorological
[U.S] [mì:tiərəládʒikəl]
[U.K] [mì:tiərəlɔ́dʒkəl]

adj. 기상의, 기상학상의

meteorology n. 기상학

The **meteorological** observatory collects and documents information on evolving weather patterns and atmospheric disturbances.

기출 엿보기
meteorological satellite 기상 위성
National Meteorological Center 국립 기상 센터

Syn. aerial, airy, climatic

20 incur
[U.S] [inkə́:r]
[U.K] [inkə́:(r)]

v. (손실을) 입다, (빚을) 지다

incurrence n. (손해 따위를) 입음

The company will reimburse any expenses that you may **incur** on your trip to Tokyo.

기출 엿보기
incur expenses 비용을 발생시키다

Syn. sustain, experience, suffer, gain

21 penetration
[U.S] [pènətréiʃən]

n. 시장 진출, 관통

penetrate v. 관통하다

EL Telecom has expanded its **penetration** into the African market by installing six new communication towers in Kenya.

기출 엿보기
penetration of the international market
국제 시장으로의 진출

Syn. entrance, insertion, invasion, piercing

---

18 Scott은 자신의 실수를 인정하고 그것을 고치겠다고 제안함으로써 상당히 성실한 태도를 보여주었다.
19 기상 관측소는 진화하는 날씨 패턴과 대기 장애에 관한 정보를 수집하고 기록한다.
20 도쿄 출장에서 발생한 비용은 모두 회사가 상환해 줄 것이다.
21 EL Telecom은 케냐에 6개의 새 통신 타워를 설치함으로써 아프리카 시장으로의 진출을 확대했다.

22 obsolete

U.S. [àbsəlíːt]
U.K. [ɔ́bsəliːt]

adj. 구식의, 시대에 뒤떨어진

obsoletely adv. 시대에 뒤처져

Our company has spent nearly $350,000 to update its outdated and **obsolete** manufacturing equipment.

기출 엿보기   obsolete computers 구형 컴퓨터

Syn. outdated, old-fashioned, discarded, out of date

23 outsource

U.S. [àutsɔ́ːrs]
U.K. [àutsɔ́ːs]

v. 외주(外注) 제작하다

outsourcing n. 외주 제작

A spokesperson for Neztech Automotive stated that manufacturing jobs may be **outsourced** as early as next year.

기출 엿보기   outsource customer service operations
고객 서비스 사업을 외부에 의뢰하다

24 reimbursement

U.S. [rìːimbə́ːrsmənt]

n. 변제, 배상, 상환

reimburse v. 변상하다, 배상하다

We offer a partial tuition **reimbursement** for those employees who choose to upgrade their finance skills.

기출 엿보기   revised policy on travel reimbursement
출장 비용 상환에 대한 개정된 정책
qualify for reimbursement for travel expenses
출장 비용을 상환 받을 자격을 갖추다

Syn. payment, remuneration, repayment

25 reciprocal

U.S. [risíprəkəl]

adj. 상호의, 서로의

reciprocate v. 보답하다

The chairman will give stockholders a chance for **reciprocal** questioning following his short speech.

기출 엿보기   a reciprocal treaty 호혜 조약
based on reciprocal benefit 상호 이익에 기초한

Syn. mutual, reciprocative, interchangeable, interdependent

---

22 우리 회사는 오래된 구형 제조 장비를 업데이트하는 데 거의 35만 달러를 썼다.
23 Neztech Automotive 대변인은 이르면 내년에 제조를 외부에 의뢰할지 모른다고 말했다.
24 저희는 금융 능력을 향상시키려고 하는 직원들을 위해 부분적으로 수업료를 상환해 드립니다.
25 의장은 짧은 연설 후에 주주들에게 상호 간 질문할 수 있는 기회를 줄 것이다.

26 refute
U.S. [rifjúːt]

v. 반박하다

refutation n. 반박

A newspaper editor for the *Daily Mail* **refutes** the claim that he falsified facts in a recent article.

 기출 엿보기
refute completely 전적으로 반박하다
refute a statement 진술에 반박하다

Syn. disprove, deny, invalidate, oppose

27 subsidiary
U.S. [səbsídièri]
U.K. [səbsídiəri]

n. 자회사
adj. 종속적인, 보조적인

subsidize v. 보조금을 지급하다

Cross-Can Rail became a wholly-owned **subsidiary** of North American Rail ten years ago.

기출 엿보기
subsidiary to ~을 보조하는
subsidiary company 자회사

Syn. branch, division, section, office

28 unconditional
U.S. [ʌ̀nkəndíʃənəl]

adj. 무조건의

unconditionally adv. 무조건적으로

Once you make your final payment, you must sign an **unconditional** waiver and release form.

Syn. actual, assured, certain, absolute

29 supplement
U.S. [sʌ́pləmənt]

v. 추가하다, 보충하다
n. 추가, 보충

supplementary adj. 보충하는

We chose to **supplement** our presentation with charts to help illustrate our point more clearly.

 기출 엿보기
a supplement to ~의 부록
supplement A with [by] B A에 B를 추가하다

Syn. add to, reinforce, augment, extend

30 rationale
U.S. [ræ̀ʃənǽl]
U.K. [ræ̀ʃəná:l]

n. 이론적 설명, 근거

rational adj. 합리적인

Below you will find the consultant's main recommendations and the **rationale** he cites for them.

기출 엿보기
strategic rationale 전략적 근거

Syn. reason, grounds, theory, principle

---

26 *Daily Mail*의 신문 편집자는 최근 기사에서 자신이 사실을 왜곡했다는 주장을 반박한다.
27 Cross-Can Rail은 10년 전에 North American Rail의 전액 출자 자회사가 되었다.
28 최종 지급이 끝나면, 무조건의 포기 각서와 양도 계약서에 서명해야 합니다.
29 우리는 요점을 더욱 분명하게 설명하기 위해 프리젠테이션에 도표를 추가하기로 선택했다.
30 아래에서 컨설턴트의 주요 권고 사항과 그가 인용한 이론적 배경을 찾으실 수 있습니다.

Check-up ◀

🎧 Listen and fill in the blanks with the correct words. ⊙MP3

01 The fundraising committee is _____ of all the donations that have been made tonight.

02 Critics of the plan _____ the Ministry of Agriculture of not providing enough funding to small farms.

03 Following the economic downturn, citizens demanded that their governments regulate the financial sector more _____.

04 Quality Paints Inc. has recalled an outdoor wood stain because it prematurely _____ in poor weather.

05 The marketing manager wants to find a notable celebrity to _____ the company's line of clothing.

06 We need to immediately contact the export director to _____ the shipping agreement.

07 The company will reimburse any expenses that you may _____ on your trip to Tokyo.

08 We offer a partial tuition _____ for those employees who choose to upgrade their finance skills.

09 The chairman will give stockholders a chance for _____ questioning following his short speech.

10 We chose to _____ our presentation with charts to help illustrate our point more clearly.

---

01 기금 관리 위원회는 오늘 밤 내주신 모든 기부금에 대해 감사를 드립니다. 02 그 계획의 비평가들은 농업부가 작은 농장에 충분한 지원금을 제공하지 않았다고 비난한다. 03 경기 침체에 따라, 시민들은 정부가 금융 부문을 좀 더 엄격하게 규제할 것을 요구했다. 04 Quality Paints 사는 실외 목재 착색제가 악천후에 너무 빨리 악화되어 제품을 회수했다. 05 그 마케팅 매니저는 회사의 의류를 홍보하기 위해 유명 인사를 찾고 싶어 한다. 06 우리는 운송 계약을 공식화하기 위해 수출 담당 팀장에게 즉시 연락해야 한다. 07 도쿄 출장에서 발생한 비용은 모두 회사가 상환해 줄 것이다. 08 저희는 금융 능력을 향상시키려고 하는 직원들을 위해 부분적으로 수업료를 상환해 드립니다. 09 의장은 짧은 연설 후에 주주들에게 상호간 질문할 수 있는 기회를 줄 것이다. 10 우리는 요점을 더욱 분명하게 설명하기 위해 프리젠테이션에 도표를 추가하기로 선택했다.

Review Test

Choose the best answer and complete the sentence.

01 The finance team said that the report will outline the _____ of the company's exposure to the bad loans.

(A) audit   (B) extent   (C) glance   (D) friction

02 The safety board would not _____ any of the ovens because they pose too great a fire hazard.

(A) adorn   (B) ascertain   (C) collide   (D) certify

03 Three Australian poets are in the running for the _____ Griffin Poetry Prize.

(A) appreciative   (B) lucrative   (C) foreseeable   (D) restrictive

04 A recent MasterCard study found that 78% of Canadians regularly leave a 15% _____ after dining out.

(A) gratuity   (B) gratitude   (C) integrity   (D) equality

05 The East Germans most _____ used team tactics to win the majority of their Olympic medals.

(A) assuredly   (B) particularly   (C) concurrently   (D) temporarily

06 Our goal is to make sure immigrants can work at levels _____ with their skills and training.

(A) acute   (B) commensurate   (C) obsolete   (D) fierce

07 If you've already replaced a recalled battery, you can pick up a _____ claim form from an authorized dealer.

(A) arbitration   (B) catastrophe   (C) reimbursement   (D) enclosure

08 Digital City Inc. will _____ its 567 remaining U.S. stores, while the company's UK subsidiary will remain in operation.

(A) liquidate   (B) inaugurate   (C) improvise   (D) formalize

01 재무팀은 그 보고서에는 회사가 부실 대출에 노출된 정도가 약술되어 있을 것이라고 말했다. 02 안전 위원회는 그 오븐들은 화재의 위험이 너무 크므로 어느 것도 허가하지 않을 것이다. 03 3명의 오스트레일리아 시인들은 큰 상금이 걸린 Griffin Poetry 상을 탈 가능성이 있다. 04 최근의 MasterCard 연구에서 78%의 캐나다 사람들이 정기적으로 외식을 한 후 15%의 팁을 준다는 것이 밝혀졌다. 05 East Germans는 대다수의 올림픽 메달을 따기 위해 가장 확실하게 팀 전술을 이용했다. 06 우리의 목표는 이민자들이 그들의 기술과 훈련에 상응하는 수준에서 일할 수 있도록 하게 하는 것이다. 07 이미 리콜 처리된 배터리로 교체하셨다면, 공식 판매인에게서 보상 청구서를 받아가시면 됩니다. 08 Digital City 사는 영국 자회사를 계속 운영하는 반면 남아 있는 567개의 미국 점포는 정리할 것이다.

09 According to researchers, _____ treatments such as yoga and acupuncture did not pose a risk for the patients.

(A) commensurate   (B) collaborative   (C) cautious   (D) complementary

10 Health officials say there's an _____ low risk that any patients contracted the infection from a piece of surgical equipment.

(A) exceedingly   (B) appropriately   (C) systematically   (D) tentatively

11 One-on-one talks are a _____ to North Korea sitting down for multilateral talks with South Korea, the U.S., and China.

(A) prerequisite   (B) trustee   (C) transit   (D) acclaim

12 All schools were closed Friday while crews cleared snow off the roofs, in what officials called an _____ measure.

(A) debatable   (B) exceptional   (C) dependable   (D) acceptable

13 The UK Taxpayers' Federation is warning the government that increased spending could _____ new tax cuts.

(A) jeopardize   (B) subsidize   (C) embrace   (D) fabricate

14 The minister of finance has called for greater business _____ to restore investor confidence.

(A) transparency   (B) discrepancy   (C) subsidiary   (D) inconsistency

15 Most consumers believe that bottled water is safer and healthier than tap water; municipal water, however, is more _____ tested.

(A) succinctly   (B) stringently   (C) tentatively   (D) crucially

16 CPR says it'll admit _____ in the death of a North Dakota man that followed a train derailment in 2002.

(A) liability   (B) observancy   (C) occurrence   (D) transmission

---

09 연구자들에 따르면 요가나 침술과 같은 보완 치료는 환자에게 위험이 되지 않았다. 10 보건 당국은 환자가 수술 장비로 감염될 위험은 지극히 낮다고 말한다. 11 일대일 회담은 남한, 미국, 중국과의 다자간 회담에 참석하는 북한에게 선행 조건이다. 12 직원들이 지붕에서 눈을 치우는 동안 모든 학교는 금요일에 문을 닫았는데 당국은 이를 예외적인 조치라고 했다. 13 영국 납세자 연맹은 증가된 소비가 새로운 세금 감면 조치를 위태롭게 할 수 있다고 정부에 경고하고 있다. 14 재정부 장관은 투자자 신뢰를 회복하기 위해 더 큰 사업 투명성을 요구했다. 15 대부분의 소비자들은 생수가 수돗물보다 더 안전하고 건강에 좋다고 믿지만 시에서 제공하는 물이 더 엄격한 검사를 받는다. 16 CPR(Canadian Pacific Railway 캐나다 태평양 철도)은 2002년 열차 탈선으로 인한 노스다코타인의 죽음에 대한 책임을 인정한다고 말한다.

토익 보카 공부하는 방법

토익
900⁺
필수보카

Week1

Week2

Week3

Week4

Day 06

01 committee

U.S. [kəmíti]

n. 위원회, (집합적) 위원 (전원)

commit v. 위원회에 회부하다
commitment n. 위원회 회부

The organizing **committee**'s chairperson, Ms. Halloway, will be retiring in July.

기출 엿보기 an advisory committee 자문 위원회
a member of the committee 위원회 회원

Syn. board, cabinet, chamber, council

02 competent

U.S. [kámpətənt]
U.K. [kɔ́mpətənt]

adj. 유능한

competently adv. 유능하게

Any **competent** web designer should be able to rectify the problem your website is experiencing.

기출 엿보기 a competent and reliable executive
유능하고 신뢰할 수 있는 임원

Syn. able, skilled, capable, proficient

03 commercially

U.S. [kəmə́:rʃəli]
U.K. [kəmə́:ʃəli]

adv. 상업적으로

commerce n. 상거래
commercial n. 광고 방송
adj. 상업(상)의

MGM Studios has revealed that several films from the 1940s will be made **commercially** available.

기출 엿보기 commercially available 시판되는

04 apart

U.S. [əpá:rt]
U.K. [əpá:t]

adv. 따로 떨어져

At the training seminar, we were asked to stand in two lines, three meters **apart**.

기출 엿보기 take apart 분해하다
be far apart from ~와 멀리 떨어져 있다
set A apart from B A를 B와 구별짓다

Syn. alone, disconnected, excluded

---

01 조직 위원회 회장인 Halloway 씨는 7월에 물러날 것이다.
02 유능한 웹 디자이너라면, 당신의 웹사이트가 겪고 있는 문제를 고칠 수 있을 것입니다.
03 MGM Studios는 1940년대 여러 영화들이 시판될 것이라고 밝혔다.
04 연수 세미나에서 우리는 3m씩 떨어져 두 줄로 서야 했다.

05 duration
U.S. [djuréiʃən]

n. (행사 · 사건의) 지속 기간

You will be learning to weld steel for the **duration** of your apprenticeship.

기출 엿보기 for the duration of the performance 공연이 지속되는 동안

Syn. length, time, period, term

06 monetary
U.S. [mánətèri/mʌ́n-]
U.K. [mʌ́nitəri]

adj. 금전의, 재정적인

monetize v. 화폐로 주조하다
money n. 돈, 통화

The government's goal is to achieve greater **monetary** and financial stability in the nation's economy.

기출 엿보기 be in monetary difficulties 재정난에 빠져 있다

Syn. financial, economic, capital, fiscal

07 moderately
U.S. [mádərətli]
U.K. [mɔ́dərətli]

adv. 알맞게, 적당히

moderation n. 알맞음
moderate adj. 알맞은

Despite its antiquated business model and out-of-date machinery, the company remains **moderately** profitable.

기출 엿보기 moderately successful 제법 성공한

Syn. abundantly, acceptably, amply, fairly

08 comprise
U.S. [kəmpráiz]

v. 구성하다, 포함하다

Our company is **comprised** of motivated individuals who care about satisfying your needs.

기출 엿보기 be comprised of ~로 구성되다
be comprised in ~에 포함되다

Syn. be composed of, include, contain, consist of

---

05 당신은 견습 기간 동안 강철을 용접하는 방법을 배우게 될 것입니다.
06 정부의 목표는 국가 경제에 있어서 더 큰 통화 및 금융 안정성을 획득하는 것이다.
07 시대에 뒤진 사업 모형과 낡은 기계에도 불구하고 그 회사는 제법 수익을 유지하고 있다.
08 저희 회사는 여러분의 요구를 만족시키는 것에 관심을 쏟는 의욕적인 사람들로 구성되어 있습니다.

09 extremity

U.S. [ikstréməti]

n. 말단, 곤경

extreme adj. 극도의
extremely adv. 극단적으로, 지독히

The heart of the nation's agricultural industry is located toward the southern **extremity** of the country.

기출 엿보기 in extremities 극도의 곤경에 빠져

Syn edge, verge, border

10 obedient

U.S. [oubíːdiənt]
U.K. [əbíːdiənt]

adj. 순종하는

obedience n. 순종, 복종
obediently adv. 순순히, 복종하여

The Puppy Training Academy can help transform your dog into a loyal, happy, and **obedient** pet.

기출 엿보기 be obedient to ~에게 순종하다.

Syn compliant, docile, amenable

11 deter

U.S. [ditə́ːr]
U.K. [ditə́ː(r)]

v. 막다, 단념시키다

deterrence n. 저지, 제지
deterrent n. 제지물
　　　　adj. 단념하게 하는

Questions have been raised about whether the laws are strict enough to **deter** health and safety violations.

기출 엿보기 deter from + (동)명사 ~하는 것을 단념하게 하다

Syn arrest, obstruct, barricade

12 infrastructure

U.S. [ínfrəstrʌ̀ktʃər]
U.K. [ínfrəstrʌ̀ktʃə(r)]

n. (조직의) 기반, 기본 시설

The voters have demanded that the municipal government spend money on repairing the city's transportation **infrastructure**.

기출 엿보기 infrastructure for training 교육 기반 시설

Syn base, framework, groundwork, support

---

09 그 나라 농업 산업의 중심부는 국가의 남부 끝에 위치해 있다.
10 Puppy Training Academy는 여러분의 개를 충성스럽고, 행복하고, 순종적인 애완견으로 변화시키는 데 도움을 드립니다.
11 법규들이 건강 및 안전 침해를 막을 수 있을 만큼 충분히 엄격한지에 대한 의문이 제기되었다.
12 투표자들은 시 당국에 도시의 대중교통 기반 시설의 수리에 돈을 쓰라고 요구했다.

13 perishable
U.S. [périʃəbəl]

adj. 상하기 쉬운

perish v. 죽다, 썩다
perishing adj. 죽는

Please do not donate any **perishable** foodstuffs to the company's annual charity event on Saturday.

 perishable foods 상하기 쉬운 음식들
perishable produce 썩기 쉬운 농산물

Syn decaying, decomposable, destructible, easily spoiled

---

14 elaborate
U.S. [ilǽbərət]

v. 상세히 말하다
adj. 정교한, 복잡한

elaboration n. 정교함, 복잡함

I would like Mr. Duncan to **elaborate** further on the findings from his consumer analysis report.

 elaborate on ~에 대해 상세히 말하다
elaborate handmade paper wedding invitations
정교한 수공 웨딩 청첩장

Syn amplify, expand on, enlarge on

---

15 pitfall
U.S. [pítfɔ:l]

n. 빠지기 쉬운 오류, 함정

This information package will highlight common **pitfalls** that new, small-business owners must overcome.

 avoid a pitfall 함정을 피하다
the pitfalls of modernization 현대화의 오류

Syn danger, deadfall, downfall, peril

---

16 removable
U.S. [rimú:vəbəl]

adj. 제거 가능한

remove v. 제거하다

The minivan design should include **removable** rear seats to improve the vehicle's storage capacity.

a removable bed 이동 침대

Syn disposable, minor, trivial

---

13 토요일에 열리는 회사 연례 자선 행사에 상하기 쉬운 음식물은 어떤 것이라도 기증하지 말아 주세요.
14 저는 Duncan 씨께서 소비자 분석 보고 결과에 대해 더 자세히 설명해 주셨으면 합니다.
15 이 정보들은 새로운 소규모 사업체 운영자들이 극복해야 하는 일반적인 오류들을 강조한다.
16 그 미니밴 디자인에는 차량의 저장 공간을 늘리기 위해 탈착 가능한 뒷좌석이 포함되어야 한다.

17 initiate
ᴜ.s. [iníʃièit]

v. 착수하다, 시작하다

initial n. 머리 글자, (이름의) 이니셜
adj. 초기의

Elmer Appliances was forced to **initiate** a massive recall of its new refrigerator because of a defective motor.

기출 엿보기 — initiate discussion 논의를 시작하다

Syn. begin, start, launch, embark on

18 quotation
ᴜ.s. [kwoutéiʃən]

n. 견적 (가격)

quote v. ~의 가격을 매기다

A representative from our warehouse will fax you a formal **quotation** for the materials you requested.

기출 엿보기 — accurate quotations 정확한 견적
a competitive quotation 경쟁력 있는 가격

Syn. estimate, price, rate, cost

19 indicative
ᴜ.s. [indíkətiv]

adj. 나타내는

indicate v. ~임을 나타내다
indication n. 암시, 징후, 징조

Declining sales of luxury goods appears to be a trend that is **indicative** of the current recession.

기출 엿보기 — indicative of + 명사 ~을 나타내는

Syn. demonstrative, denotative, designative, expressive

20 oblige
ᴜ.s. [əbláidʒ]

v. 강요하다

obligation n. 의무
obligatory adj. 의무적인

Our clients are **obliged** to accept the rules and conditions of service as outlined in the contract.

기출 엿보기 — be obliged to + 동사원형 ~하지 않을 수 없다

Syn. force, compel, constrain

21 retrieval
ᴜ.s. [ritríːvəl]

n. 검색, 복구

retrieve v. 검색하다, 복구하다

The software allows us to be more efficient, enabling the rapid **retrieval** of client information.

기출 엿보기 — retrieval system 검색 시스템

---

17 Elmer Appliances는 모터 결함 때문에 새로 출시된 냉장고의 대량 회수에 들어가야 했다.
18 저희 창고 담당자가 귀하가 요청한 자재의 공식 견적을 팩스로 보내드릴 것입니다.
19 명품의 판매 감소는 현 경기 침체를 나타내는 현상으로 보인다.
20 우리 고객들은 계약서에 약속된 대로 서비스 규정과 조건들을 받아들일 수밖에 없다.
21 그 소프트웨어는 고객 정보를 빠르게 검색할 수 있게 해줌으로써 우리가 좀 더 효율적으로 일할 수 있게 해준다.

22 unfavorable

U.S. [ʌ̀nféivərəbəl]

adj. 형편이 나쁜, 호의적이 아닌

This season's shortage of rainfall has resulted in **unfavorable** agricultural production throughout the country.

기출 엿보기   unfavorable reviews 혹평

Syn. antagonistic, damaging, destructive, disadvantageous

23 qualify

U.S. [kwάləfài]]
U.K. [kwɔ́ləfài]

v. 자격을 갖추다, 권한을 주다, 자격을 부여 받다

qualification n. (pl.) 자격 (요건)
qualified adj. 자격 있는, 적격의

You must fulfill certain criteria before the bank will **qualify** you for a mortgage.

기출 엿보기   qualify as ~로서의 자격을 주다
qualify for ~의 자격이 있다, ~에 적임이다

Syn. certify, equip, train, fit

24 suspension

U.S. [səspénʃən]

n. 보류, 혐의, 미결

suspend v. 정지하다, 중단하다

The **suspension** of trading of Primeuro stock will end once they agree to disclose their financial records.

기출 엿보기   suspension of payment 지불 유예
a suspension of license 면허 정지 처분

Syn. postponement, break, interruption, deferment

25 idle

U.S. [áidl]

adj. 활동하지 않는

idleness n. 빈둥거림

Our factories in the southern part of China have remained **idle** for over seven months now.

기출 엿보기   remain[lie, stand] idle 사용되지 않다

Syn. unoccupied, unemployed, redundant, inactive

---

22 올해 강수량 부족은 전국적인 농업 생산량의 악화로 이어졌다.
23 특정 기준에 부합하셔야 은행이 담보 대출 자격을 드립니다.
24 그들이 재무 기록 공개에 합의한다면, Primeuro 주식 거래의 보류는 끝이 날 것이다.
25 중국 남부 지역의 우리 공장들은 현재 7개월 이상 가동하지 않고 있다.

26 rebuke

U.S. [ribjúːk]

v. 비난하다, 꾸짖다
n. 비난

Mr. Allen praised David for the quality of his work, but **rebuked** him for missing his deadline.

기출 엿보기
rebuke for ~에 대해 꾸짖다
give a rebuke 견책하다

Syn scold, reprimand, chide, reproach

---

27 affordability

U.S. [əfɔ́ːrdəbiləti]

n. 적당한 가격으로 구입할 수 있는 것, 감당할 수 있는 비용

afford v. ~을 할 여유가 있다
affordable adj. 적당한

Many mortgage experts believe that the **affordability** of housing will decrease dramatically in the coming months.

기출 엿보기
known for its affordability 적당한 가격으로 알려진

---

28 surpass

U.S. [sərpǽs/-páːs]
U.K. [səpáːs]

v. 초월하다, 능가하다

surpassable adj. 능가할 수 있는
surpassing adj. 뛰어난

The fundraising committee is pleased to announce that we have **surpassed** last year's total by $12,000.

기출 엿보기
surpass description 말로 할 수 없이 뛰어나다
with profits surpassing the million-dollar mark
100만 달러를 돌파함으로써

Syn outdo, beat, exceed, excel

---

29 compatibility

U.S. [kəmpæ̀təbíləti]

n. 호환성

compatible adj. 호환성의

We are going to issue a free software update to improve security, stability, and **compatibility** with newer operating systems.

기출 엿보기
compatibility with ~와의 호환성

---

30 overhaul

U.S. [òuvərhɔ́ːl]
U.K. [əuvəhɔ́ːl]

v. 조사하다, 검사하다

Tellin will **overhaul** the UK's wireless phone network to allow companies to offer a wider variety of cellphone services.

기출 엿보기
overhaul thoroughly 철저하게 조사하다
be overhauled by a doctor 의사의 정밀 검사를 받다

Syn check, service, maintain, examine

---

26 Allen 씨는 David의 업무 품질에 대해 칭찬했지만 마감 시한을 지키지 않은 것에 대해서는 꾸짖었다.
27 많은 저당권 전문가들은 앞으로 몇 달 안에 주택 구입 능력이 현저히 떨어질 것이라고 생각한다.
28 기금 모금 위원회는 작년 총계보다 1만 2천 달러 초과했음을 발표하게 되어 기쁩니다.
29 우리는 보안성, 안정성, 그리고 새로운 운영 시스템과의 호환성을 향상시키기 위해 무료 소프트웨어 업데이트를 배포할 것이다.
30 Tellin은 기업들이 더 다양한 휴대폰 서비스를 제공할 수 있도록 영국의 무선 전화 네트워크를 조사할 것이다.

Check-up ◀

🎧 Listen and fill in the blanks with the correct words. 🎧MP3

01 MGM Studios has revealed that several films from the 1940s will be made _____ available.

02 The government's goal is to achieve greater _____ and financial stability in the nation's economy.

03 Please do not donate any _____ foodstuffs to the company's annual charity event on Saturday.

04 This information package will highlight common _____ that new, small-business owners must overcome.

05 A representative from our warehouse will fax you a formal _____ for the materials you requested.

06 Declining sales of luxury goods appears to be a trend that is _____ of the current recession.

07 This season's shortage of rainfall has resulted in _____ agricultural production throughout the country.

08 The _____ of trading of Primeuro stock will end once they agree to disclose their financial records.

09 The fundraising committee is pleased to announce that we have _____ last year's total by $12,000.

10 Tellin will _____ the UK's wireless phone network to allow companies to offer a wider variety of cellphone services.

---

01 MGM Studios는 1940년대 여러 영화들이 시판될 것이라고 밝혔다. 02 정부의 목표는 국가 경제에 있어서 더 큰 통화 및 금융 안정성을 획득하는 것이다. 03 토요일에 열리는 회사 연례 자선 행사에 상하기 쉬운 음식물은 어떤 것이라도 기증하지 말아 주세요. 04 이 정보는 새로운 소규모 사업체 운영자들이 극복해야 하는 일반적인 오류들을 강조한다. 05 저희 창고 담당자가 귀하가 요청한 자재의 공식 견적을 팩스로 보내드릴 것입니다. 06 명품의 판매 감소는 현 경기 침체를 나타내는 현상으로 보인다. 07 올해 강수량 부족은 전국적인 농업 생산량의 악화로 이어졌다. 08 그들이 재무 기록 공개에 합의한다면, Primeuro 주식 거래의 보류는 끝이 날 것이다. 09 기금 모금 위원회는 작년 총계보다 1만 2천 달러 초과했음을 발표하게 되어 기쁩니다. 10 Tellin은 기업들이 더 다양한 휴대폰 서비스를 제공할 수 있도록 영국의 무선 전화 네트워크를 조사할 것이다.

Day 07

01 commodity

U.S. [kəmádəti]
U.K. [kəmɔ́dəti]

n. 상품, 원료

Many experienced investors covet gold because they believe it is the world's most valuable **commodity**.

기출 엿보기 staple commodities 필수 상품
order new commodities 새로운 상품을 주문하다

Syn. goods, material, object, product

02 concise

U.S. [kənsáis]

adj. 간결한

concisely adv. 간결하게

Mr. Richards would like us to develop a **concise** slide presentation to help relate the information.

기출 엿보기 a concise expression 간결한 표현
give a concise account of ~의 설명을 간결하게 하다

Syn. brief, compact, succinct, summary

03 comparatively

U.S. [kəmpǽrətivli]

adv. 비교적으로, 상당히

compare v. 비교하다
comparison n. 비교
comparative adj. 비교의

Hudson Rubber Manufacturing Inc. is a **comparatively** minor manufacturing company in the rubber industry.

Syn. relatively, analogously, approximately, similarly

04 array

U.S. [əréi]

n. (사람 · 물건의) 집단, 다수
v. 정렬하다

John was faced with a dazzling **array** of employment opportunities after he finished his business degree.

기출 엿보기 an array of 죽 늘어선

Syn. arrangement, bunch, bundle, cluster

---

01 많은 노련한 투자자들은 금이 세계에서 가장 가치 있는 상품이라고 믿기 때문에 금을 갖고 싶어 한다.
02 Richards 씨는 우리가 그 정보를 연관시키는 데 도움을 주는 슬라이드를 이용한 간략한 발표를 하기를 원한다.
03 Hudson Rubber Manufacturing 사는 고무 산업에서 비교적 작은 제조 회사이다.
04 John은 경제학 학위를 마친 후 눈부신 취업 기회들이 줄지어 그를 기다렸다.

05 humidity

U.S. [hju:mídəti]

n. 습도, 습기

humid adj. 습한, 고온 다습한

Our state-of-the-art storage facility features individually heated units with **humidity** control.

 depending on the temperature and humidity
온도와 습도에 따라

Syn. damp, moisture, dampness, wetness

06 municipal

U.S. [mju:nísəpəl]

adj. 자치 도시의, 시의

municipalize v. 시영화하다

Municipal workers have agreed to accept the city's offer and end their two-week strike.

 the municipal building 시청
the municipal authorities 시 당국

07 generously

U.S. [dʒénərəsli]

adv. 관대하게, 넉넉하게

generous adj. 관대한

Charities around the world are uniting and requesting that everyone give **generously** this holiday season.

기출 엿보기 in general 일반적으로
be generous with ~에 관대하다
the generously sized attic 넉넉한 공간의 다락방

Syn. liberal, lavish, charitable, hospitable

08 confine

U.S. [kənfáin]

v. 제한하다, 한정시키다

confinement n. 제한, 감금

I shall **confine** my remarks to the direction our organization plans to take this year.

기출 엿보기 confine A to B A를 B로 한정하다

Syn. restrict, limit

09 infringement

U.S. [infríndʒmənt]

n. 위반, 침해

infringe v. 위반하다

The music industry has initiated a crusade against file-sharing programs that violate copyright **infringement** laws.

 an infringement of [on] ~의 침해
copyright infringement 저작권 침해

Syn. intrusion, invasion

---

05 우리 최신식 저장 설비는 습도 조절 장치를 갖춘 개별 난방 장치가 구비되어 있다.
06 시 근로자들은 시의 제안을 받아들여 2주간의 파업을 종결하기로 합의했다.
07 세계의 자선 단체들은 공조하여 모두에게 이번 연휴에 관대한 기부를 해 달라고 요청하고 있다.
08 저는 저의 의견을 올해 저희 단체가 계획하는 방향으로 한정해야겠습니다.
09 음악계는 저작권 침해 법을 위반하는 파일 공유 프로그램에 대한 반대 운동을 시작했다.

10 permissible

U.S. [pəːrmísəbəl]
U.K. [pəːmísəbəl]

adj. 허가할 수 있는, 허용되는

permit v. 허락하다, 허가하다
n. 허가(증), 증명서
permission n. 허가
permissive adj. 허가하는

To the fullest extent under **permissible** law, Greatlife Fitness is not responsible for lost or stolen items.

기출 엿보기
permissible level 허용 한도
It is permissible to ~은 허용되다

Syn. allowable, acceptable, authorized, endorsed

11 dilute

U.S. [dilúːt/dai-]
U.K. [dailúːt]

v. 희석하다

dilution n. 희석

Dilute the juice with water before you drink it.

기출 엿보기
dilute A with B A를 B로 희석하다

Syn. weaken, adulterate, make thinner, cut

12 morale

U.S. [məræl]
U.K. [mɔráːl]

n. 사기, 열의

Kelly initiated and oversaw several team building exercises designed to boost employee **morale**.

기출 엿보기
boost employee morale 직원 사기를 높이다
destroy[undermine] morale 사기를 떨어뜨리다

Syn. confidence, heart, spirit, self-esteem

13 repetitious

U.S. [rèpətíʃəs]

adj. 반복이 많은, 지루한

repeat v. 반복하다
repetition n. 반복
repetitive adj. 반복성의
repetitiously adv. 지루하게

I decided to change careers because I found accounting work to be rather dull and **repetitious**.

Syn. constant, continual, insistent

---

10 허용되는 법의 최대 한도 내에서 Greatlife Fitness는 분실물이나 도난품에 대해 책임지지 않습니다.
11 주스를 마시기 전에, 물을 타세요.
12 Kelly는 직원들의 사기를 높여주기 위해 계획된 여러 팀 단위 활동을 시작하고 감독했다.
13 나는 회계 업무가 다소 지루하고 반복적이어서 직업을 바꾸기로 결심했다.

14 engrave

[U.S.] [engréiv/in-]
[U.K] [ingréiv]

v. (문자·도안 등을) 새기다

If you purchase this gold watch, I will **engrave** your husband's initials on it free of charge.

기출 엿보기 🔍 engrave A on B A를 B에 새기다
engrave B with A B에 A를 새겨 넣다

Syn. cut, grave, imprint, infix

15 placement

[U.S.] [pléismənt]

n. 배치

place
v. ~을 ~한 상태에 두다, (주문을) 하다
n. 장소, 공간

We should change the **placement** of this advertising stand to make it more visible for customers.

기출 엿보기 🔍 take a placement test 배치고사를 치다

Syn. arrangement, deployment, order, organization

16 unprecedented

[U.S.] [ʌnprésədèntid]

adj. 전례 없는

unprecedentedly
adv. 전례가 없이

We have witnessed an **unprecedented** shift toward environmentally friendly business practices over the last decade.

기출 엿보기 🔍 an unprecedented event 전례 없는 사건
enjoy an unprecedented economic boom
유례 없는 경기 호황을 누리다

Syn. abnormal, bizarre, exotic, extraordinary

17 plague

[U.S.] [pléig]

v. 괴롭히다
n. 역병

The local housing developer has been **plagued** by constant funding problems that have hindered the project's initiation.

기출 엿보기 🔍 plague with ~을 괴롭히다

Syn. bother, annoy, worry, tease

---

14 이 금시계를 구매하시면, 무료로 남편 분의 이니셜을 새겨 드립니다.
15 우리는 고객들이 더 잘 볼 수 있게 이 광고대의 배치를 바꿔야 한다.
16 지난 10년간 우리는 환경 친화적인 사업 관행에 대한 전례 없는 변화를 목격해 왔다.
17 지역 주택 개발자는 프로젝트의 시작을 방해한 끊임없는 자금 문제로 골치를 앓아왔다.

18 ratio
[U.S.] [réiʃou/-ʃiòu]
[U.K] [réiʃiòu]

n. 비율

Your company's high price-earnings **ratio** suggests that investors should expect a high rate of return on their investment.

 기출 엿보기
by a ratio of ~의 비율로
ratio of A to B A대 B의 비율

[Syn.] proportion, rate, relation, percentage

19 specialized
[U.S.] [spéʃəlàizd]

adj. 전문의

specialize v. 전문으로 하다
specialization n. 전문화

Clinics here are unable to provide the highly **specialized** care needed by sufferers of TB.

기출 엿보기
unique and specialized training programs
독창적이고 전문화된 교육 프로그램

[Syn.] functional, particular, specially designed

20 require
[U.S.] [rikwáiər]
[U.K] [rikwáiə(r)]

v. 요구하다, 요청하다

requirement n. 필요 조건, 자격

The apartment's manager will **require** two months notice if the tenant wishes to vacate his or her unit.

 기출 엿보기
require A to + 동사원형
A가 ~하도록 요구하다, A에게 ~을 명하다
A is required to + 동사원형
A가 ~하도록 요청받다; A는 ~해야 한다
require + (동)명사[that절] ~(하는 것)을 요구하다

[Syn.] demand, call for, insist on, ask for

21 prevalence
[U.S.] [prévələns]

n. 보급, 유행

prevalent adj. 널리 퍼진

The **prevalence** of the H1N1 virus has caused employers to update their health and safety standards.

기출 엿보기
prevalence of childhood illnesses 어린이 질병의 확산
prevalence of smoking among teenagers
10대 흡연의 유행

[Syn.] currency, pervasiveness, popularity, preponderance

---

18 회사의 높은 주가 수익 비율은 투자자들이 자신의 투자에 대한 높은 수익률을 기대할 것임을 나타낸다.
19 여기 병원들은 결핵 환자들에게 필요한 고도로 전문화된 치료를 제공할 수 없다.
20 그 아파트 관리자는 세입자가 집을 비우기를 원한다면 2달 전에 통보해 주기를 요구할 것이다.
21 신종 바이러스의 유행으로 고용주들은 건강 및 안전 기준을 갱신했다.

22 interactive

U.S. [intərǽktiv]

adj. 쌍방향의, 서로 작용하는

interact v. 상호 작용하다

interaction n. 상호 작용

An **interactive** map will be available to guide visitors to major tourist attractions around the city.

기출 엿보기   highly interactive services 고도의 쌍방향 서비스
interactive telephone system 자동 전화 응답 시스템

Syn   bilateral, communal, associated, shared

23 sustain

U.S. [səstéin]

v. 지속하다, 유지하다

sustained adj. 지속적인

sustainable adj. 지속할 수 있는

The company cannot **sustain** its current profit margin unless we are able to cut production costs.

기출 엿보기   sustain corporate profits 기업 수익을 유지하다
sustain economic growth 경기가 지속적으로 성장하다

Syn   maintain, continue, keep up, prolong

24 sequence

U.S. [síːkwəns]

n. 순서, 연속, 결과

sequent adj. 연속적인

sequential adj. 연속하는

The figures won't add up correctly unless they are entered into the database in the following **sequence**.

기출 엿보기   in sequence 차례차례로
in regular sequence 순서대로

Syn   succession, course, series, order

25 pertinent

U.S. [pə́ːrtənənt]
U.K. [pə́ːtinənt]

adj. 적절한, 관계 있는

pertinently adv. 적절히

Due process rests on the presumption of innocence, habeas corpus, and access to **pertinent** evidence.

기출 엿보기   pertinent to ~에 적절한
other pertinent information 기타 관련 사항

Syn   appropriate, fit, proper, related

---

22 쌍방향 지도는 도시 주변의 주요 관광 명소의 방문객들을 안내하기 위해 사용될 수 있다.
23 우리가 생산비를 절감할 수 없다면, 회사는 현 이익 마진을 유지할 수 없다.
24 이 수치들은 다음 순서에 따라 데이터베이스에 입력되지 않으면, 합계가 제대로 나오지 않을 것이다.
25 정당한 법의 절차는 무죄의 추정, 인신 보호 영장, 그리고 관련 증거로의 접근에 기초를 둔다.

26 validate
U.S. [vǽlədèit]

v. 정당성을 입증하다

validity n. 정당성, 타당함
validation n. 입증
valid adj. 유효한, 효력이 있는

The second phase of the project will attempt to **validate** the findings of the research team.

 기출 엿보기
validate a treaty 조약을 비준하다
validate a parking receipt 주차증에 도장을 찍다

Syn. substantiate, authorize, certify, confirm

27 clarity
U.S. [klǽrəti]

n. 명백함, 투명도

I was amazed at the **clarity** of the speaker's voice using the latest VoIP software.

기출 엿보기
clarity of expression 설명의 투명성

Syn. accuracy, certainty, definition

28 publicize
U.S. [pʌ́bləsàiz]

v. 공표하다, 광고하다

publicity n. 공표, 광고
public adj. 공공의

The pharmaceutical company intends to **publicize** the test results of its new diabetes drug sometime next month.

기출 엿보기
publicize the issues 문제를 공론화하다
publicize exam results 시험 결과를 공표하다

Syn. advertise, announce, promote, advance

29 ineptitude
U.S. [inéptətùːd]
U.K. [inéptətjuːd]

n. 부적격, 어리석음

The New Democratic Party's popularity has declined greatly since the spring amid accusations of corruption and **ineptitude**.

기출 엿보기
ineptitude at [in] ~에 대한 기술 부족

Syn. awkwardness, inability, incompetence

30 devour
U.S. [diváuər]
U.K. [diváuə(r)]

v. 게걸스레 먹다

The young bear cubs hungrily **devoured** the salmon that their mother retrieved from the river.

기출 엿보기
devour eagerly 게걸스레 먹다

Syn. eat up, feed, gobble, swallow

---

26 프로젝트의 두 번째 단계는 연구팀의 결과에 대한 정당성을 입증하는 시도가 될 것이다.
27 나는 최신 VoIP 소프트웨어를 사용한 연사의 목소리가 또렷해서 놀랐다.
28 그 제약 회사는 다음 달 중에 새로운 당뇨병 치료약의 시험 결과를 공표하려고 한다.
29 신민주당의 인기는 부패와 부조리에 대한 비난 속에 봄 이후로 상당히 하락했다.
30 그 어린 새끼 곰은 엄마 곰이 강에서 물어온 연어를 게걸스럽게 먹어 치웠다.

Check-up ◄

🎧 Listen and fill in the blanks with the correct words. ◎ MP3

01 Mr. Richards would like us to develop a _____ slide presentation to help relate the information.

02 Charities around the world are uniting and requesting that everyone give _____ this holiday season.

03 The music industry has initiated a crusade against file-sharing programs that violate copyright _____ laws.

04 If you purchase this gold watch, I will _____ your husband's initials on it free of charge.

05 We have witnessed an _____ shift toward environmentally friendly business practices over the last decade.

06 The apartment's manager will _____ two months notice if the tenant wishes to vacate his or her unit.

07 The _____ of the H1N1 virus has caused employers to update their health and safety standards.

08 An _____ map will be available to guide visitors to major tourist attractions around the city.

09 Due process rests on the presumption of innocence, habeas corpus, and access to _____ evidence.

10 The New Democratic Party's popularity has declined greatly since the spring amid accusations of corruption and _____.

01 Richards 씨는 우리가 정보를 연관시키는 데 도움을 줄 슬라이드를 이용한 간략한 발표를 하기를 원하신다. 02 세계의 자선 단체들은 공조하여 모두에게 이번 연휴에 관대한 기부를 해 달라고 요청하고 있다. 03 음악계는 저작권 침해 법을 위반하는 파일 공유 프로그램에 대한 반대 운동을 시작했다. 04 이 금시계를 구매하시면, 무료로 남편 분의 이니셜을 새겨 드립니다. 05 지난 10년간 우리는 환경 친화적인 사업 관행에 대한 전례 없는 변화를 목격해 왔다. 06 그 아파트 관리자는 세입자가 집을 비우기를 원한다면 2달 전에 통보해 주기를 요구할 것이다. 07 신종 바이러스의 유행으로 고용주들은 건강 및 안전 기준을 갱신했다. 08 쌍방향 지도는 도시 주변의 주요 관광 명소의 방문객들을 안내하기 위해 사용될 수 있다. 09 정당한 법의 절차는 무죄의 추정, 인신 보호 영장, 그리고 관련 증거로의 접근에 기초를 둔다. 10 신민주당의 인기는 부패와 부조리에 대한 비난 속에 봄 이후로 상당히 하락했다.

MP3

01 compel

U.S. [kəmpél]

v. 억지로 시키다, 굴복시키다

compulsion n. 강제
compelling adj. 매우 설득력 있는

Following the scandal, Mr. Keegan felt **compelled** to resign from the board.

Syn. force, oblige, constrain, impel

02 propriety

U.S. [prəpráiəti]

n. 타당, 예의 바름

proper adj. 적당한, 예의 바른
properly adv. 적당히, 예의 바르게

The director insisted that there was no question as to the **propriety** of how the funds were raised.

Syn. accordance, concord, correspondence

03 predominantly

U.S. [pridámənəntli]
U.K. [pridɔ́mənəntli]

adv. 주로, 현저히

predominant adj. 우세한

While IST Steel Corp. **predominantly** manufactures high-grade steel and special alloys, they are considering expansion into new areas.

Syn. mainly, largely, chiefly, mostly

04 assess

U.S. [əsés/æs-]
U.K. [əsés]

v. 평가하다, 판단하다

assessment n. 평가

The marketing department has initiated a study to **assess** the effectiveness of the current marketing campaign.

기출
엿보기 **assess company value** 회사 가치를 평가하다

Syn. judge, estimate, analyze, evaluate

---

01 그 스캔들이 있은 후 Keegan 씨는 이사회로부터 사임 압박을 느꼈다.
02 이사는 어떻게 자금이 조성되었는지의 타당성에 대해서 의문의 여지가 없음을 주장했다.
03 IST Steel 사가 고급 철강 및 특수 합금을 주로 제조하는 한편 새로운 분야로의 진출을 고려하고 있다.
04 마케팅 부서는 현 마케팅 캠페인의 효과를 평가하기 위한 연구를 시작했다.

05 hypothesis

U.S. [haipάθəsis]
U.K. [haipɔ́θəsis]

n. 가설, 가정

Steve advanced the **hypothesis** that an increase in retail sales would signal the end of the recession.

 기출 엿보기 formulate a hypothesis 가설을 세우다

Syn. theory, premise, proposition, assumption

06 negligible

U.S. [néglidʒəbəl]

adj. 하찮은, 사소한

negligibly adv. 무시할 수 있게

The cost of retrofitting our fleet of courier vans with GPS systems will be **negligible**.

Syn. minor, minute, trivial, unimportant

07 universally

U.S. [jùːnəvə́ːrsəli]
U.K. [jùːnəvə́ːsəli]

adv. 널리, 보편적인

universal adj. 보편적인

Although the American dollar is **universally** accepted as a trading currency, its supremacy is being challenged.

기출 엿보기 universal approval 전체적인 동의

Syn. all over, always, globally

08 conserve

U.S. [kənsə́ːrv]
U.K. [kənsə́ːv]

v. 절약하다, 보존하다

conservation n. 보존, 절약
conservative adj. 보수적인

In an attempt to **conserve** electricity, the warehouse now uses motion sensors to activate the lights.

기출 엿보기 conserve energy 에너지를 보존하다
conserve one's resources 자원을 아껴쓰다

Syn. cut back, cut down on, preserve

---

05 Steve는 소매 판매의 증가는 경기 침체가 끝났다는 것을 알리는 신호라는 가설을 제기했다.
06 우리 택배 차량에 GPS 시스템을 장착하는 비용은 크지 않을 것이다.
07 비록 미국 달러가 무역 통화로 널리 수용되지만 그 우월성은 위협받고 있다.
08 전기를 절약하는 시도로, 창고에서는 지금 모션 센서를 사용하여 조명을 작동시키고 있다.

09 insistence

U.S. [insístəns]

n. 주장, 고집

insist v. 주장하다
insistent adj. 주장하는

Our company's **insistence** on maintaining high ethical standards and fair business practices keeps our customers happy.

 기출 엿보기
insistence on ~에 대한 주장
at the insistence of ~의 주장에 따라

Syn. demand, command, dictate, entreaty

10 pharmaceutical

U.S. [fὰːrməsúːtikəl]
U.K. [fὰːməsúːtikəl]

adj. 제약의, 조제의

pharmacy n. 조제술
pharmacist n. 제약사, 약사

Pharmaceutical companies often collaborate with universities to allow students access to top quality research.

기출 엿보기
pharmaceutical industry 제약 산업
pharmaceutical corporation 제약 회사

Syn. cure, medicinal

11 dissolve

U.S. [dizálv]
U.K. [dizɔ́lv]

v. (계약 따위를) 무효화하다, 용해시키다

dissolution n. 해산, 분해

The partners of Coyote Inc. have voted to **dissolve** the business due to mounting financial difficulties.

기출 엿보기
dissolve in ~을 ~에 녹이다
dissolve parliament 의회를 해산시키다

Syn. annul, discontinue, annihilate, cancel

12 layer

U.S. [léiər]
U.K. [léiə(r)]

n. 층

By simply installing a new **layer** of insulation, your company can save 25% on its energy bill.

기출 엿보기
the depletion of the ozone layer 오존층의 감소

Syn. tier, level, seam, stratum

---

09 높은 윤리 기준과 공정한 사업 관행을 유지하는 우리 회사의 고집은 고객들을 행복하게 해준다.
10 제약 회사들은 종종 학생들이 최고급 연구 조사에 참여할 수 있도록 대학들과 협력한다.
11 Coyote 사의 협력사들은 증가하는 재정적 어려움 때문에 그 사업을 무효화하기로 투표했다.
12 새로운 단열층을 설치하는 것만으로도 당신 회사는 에너지 청구서에서 25%를 절감할 수 있습니다.

13 volatile

[U.S.] [válətil]
[U.K] [vɔ́lətàil]

adj. 심하게 변동하는, 휘발성의

volatilize v. 휘발시키다

Many people have continued to invest in the stock market despite its **volatile** nature.

 invest in the volatile stock market
변동이 심한 주식 시장에 투자하다

Syn. changeable, shifting, variable, unstable

14 entail

[U.S.] [entéil/in-]
[U.K] [intéil]

v. 수반하다

Can you please explain to me what the job will **entail**?

 entail health risks 건강에 위험을 초래하다

Syn. involve, require, produce, demand

15 protocol

[U.S.] [próutəkàl/-kɔ̀:l]
[U.K] [próutəkɔ̀l]

n. 규칙, 협약

The Nelex Conglomeration ensures that its subsidiary companies follow strict **protocols** when communicating with the media.

workplace protocol 작업장 규칙

Syn. code of behaviour, manners, conventions, customs

16 preventative

[U.S.] [privéntətiv]

adj. 예방적인

prevent v. 예방하다

Brazilian scientists launched a study three years ago to test a new **preventative** treatment for malaria.

preventative care 예방 치료
preventative measures 예방책

Syn. defensive, deterrent, precautionary, protective

---

13 가격 변동성에도 불구하고, 많은 사람들이 계속해서 주식 시장에 투자하고 있다.
14 그 업무에는 어떠한 것이 포함되는지 설명해 주시겠어요?
15 대기업 Nelex은 자회사들이 언론과 소통할 때 엄격한 규칙을 따르도록 확실히 해야 한다.
16 브라질 과학자들은 새로운 말라리아 예방 치료를 시험해보기 위해 3년 전 연구를 개시했다.

---

17 pledge

U.S. [plédʒ]

v. 맹세하다, 약속하다
n. 맹세, 담보

Medix Pharmaceutical has **pledged** to donate three million doses of polio vaccine to African countries.

기출 엿보기
a no-strike pledge 파업을 하지 않을 것이라는 맹세
pledge to + 동사원형 ~할 것을 약속하다

Syn. promise, vow, assurance, word

---

18 retaliation

U.S. [ritæ̀liéiʃən]

n. 보복

retaliate v. 보복하다

The Minister of Trade claims that Canada's actions were taken in **retaliation** against unfair trade policies.

기출 엿보기
in retaliation for ~에 대한 보복으로
retaliation against ~에 대한 보복

Syn. reprisal, retribution, revenge

---

19 chargeable

U.S. [tʃá:rdʒəbəl]
U.K. [tʃá:dʒəbəl]

adj. 부담해야 할, 부과되어야 할

charge v. 청구하다
　　　 n. 요금, 경비

Prices range from $7 for simple battery-operated ones to more than $100 for re-**chargeable** types.

기출 엿보기
chargeable to ~이 지불해야 할
a chargeable call 유료 통화

---

20 retain

U.S. [ritéin]

v. 유지하다, 보유하다

retention n. 보유

Our company hopes to **retain** its employees by offering them high wages and decent benefits.

기출 엿보기
retain enthusiasm 열정을 가지다
retain excellent employees 우수한 직원을 보유하다

Syn. maintain, reserve, preserve, keep

---

17 Medix 제약 회사는 3백만 회 분량의 소아마비 백신을 아프리카 국가들에 기증하겠다고 약속했다.
18 무역부 장관은 캐나다의 조치가 불공정한 무역 관행에 대한 보복으로 취해진 것이라 주장한다.
19 가격은 일회용 배터리로 가동되는 7달러짜리부터 충전 가능한 유형인 100달러 이상까지 다양하다.
20 우리 회사는 높은 임금과 상당한 복지 혜택을 제공함으로써 근로자들을 보유하고 싶어 한다.

21 validity

U.S. [vəlídəti]

n. 타당성, 정당함, 유효성

validate v. 정당성을 입증하다

valid adj. 유효한, 효력이 있는

Our corporate lawyers have been working tirelessly to confirm the **validity** of the contract.

기출 엿보기 give some validity to the theory 이론에 정당성을 부여하다

Syn. legality, authority, legitimacy, right

22 inoperative

U.S. [inápərèitiv/-ápərətiv]

U.K. [inɔ́pərətiv]

adj. 효력이 없는, 작동하지 않는

inoperable adj. 실행할 수 없는

Three of the twelve lines that make up the subway system will be **inoperative** for the next five days.

기출 엿보기 be inoperative until further notice 추후 통지가 있을 때까지 무효이다

23 swap

U.S. [swáp]

U.K. [swɔ́p]

v. 교환하다

n. 교환

I believe that we should **swap** ideas about how to best implement our new production schedule.

기출 엿보기 swap A for B A를 B와 바꾸다
make a swap for ~와 교환하다

Syn. exchange, trade, switch, interchange

24 founder

U.S. [fáundər]

U.K. [fáundə(r)]

n. 창립자, 설립자

found v. 설립하다

foundation n. 창설, 토대

The British mathematician John Turing is recognized as one of the **founders** of computer technology.

기출 엿보기 founder of the association 협회의 설립자

Syn. initiator, father, beginner, inventor

25 attentive

U.S. [əténtiv]

adj. 주의 깊은, 친절한

attentively adv. 신중히

Commuters who have an average round-trip commute of 50 kilometers or more reported feeling distracted and less **attentive**.

기출 엿보기 attentive to ~을 경청하는

---

21 우리 회사 변호사들은 그 계약의 타당성을 확인하기 위해 지칠 줄 모르고 일하고 있다.
22 지하철 시스템을 구성하는 12개 노선 중 3개가 다음 5일 동안 가동이 중지될 것이다.
23 나는 우리가 새로운 생산 일정을 어떻게 하면 가장 잘 충족시킬지에 대한 생각을 교환해야 한다고 생각한다.
24 영국 수학자인 John Turning은 컴퓨터 공학의 창립자 중 한 명으로 인정받는다.
25 평균 왕복 50km 이상의 거리를 통근하는 통근자들은 산만하고 집중력이 떨어진다고 보고했다.

26 resume
[U.S.] [rezəmei]
[U.K.] [rezjumei]

n. 이력서

v. 재개하다, 다시 시작하다

resumption n. 재개

I've sent out my **resume** to over ninety biotech companies this year, but no luck yet.

기출 엿보기 · **an applicant's resume** 지원자의 이력서

Syn. abstract, curriculum vitae, review

27 inception
[U.S.] [insépʃən]

n. 초기, 시작

Long before the **inception** of the modern Olympics, distance running was a popular form of athletic competition.

기출 엿보기 · **at the program's inception** 프로그램 초기에

Syn. beginning, origin, outset

28 pertain
[U.S.] [pərtéin]
[U.K.] [pəːtéin]

v. 속하다, 관계하다

pertinence n. 적절, 적당

pertinent adj. ~와 관계 있는

The committee's concerns are not specific to VoiceMail but also **pertain** to other, similar services.

기출 엿보기 · **pertain to** ~에 관계하다

Syn. associate, be pertinent, belong, combine

29 recliner
[U.S.] [rikláinər]
[U.K.] [rikláinə(r)]

n. 뒤로 젖히는 의자

recline v. 눕다, 기대다

We have recreated a 1970s living room, complete with orange shag carpet, wood paneling, and **recliner** chairs.

30 decentralize
[U.S.] [diːséntrəlàiz]

v. 분산시키다

decentralization n. 분산

The government has failed to **decentralize** power in the president's office, a trend that is a danger to democracy.

기출 엿보기 · **decentralize the building industry** 건축업을 분산하다

---

26 나는 올해 90개 이상의 생명 공학 기업들에 내 이력서를 보냈지만 아직 좋은 소식이 없다.
27 현대 올림픽이 시작되기 오래 전에, 장거리 달리기는 인기 있는 경기 종목이었다.
28 위원회의 관심사는 VoiceMail에만 한정된 것이 아니라 다른 비슷한 서비스들과도 관련이 있다.
29 우리는 오렌지색 털 카펫, 목재 판자, 그리고 젖혀지는 의자가 구비된 1970년대 거실을 재현했다.
30 정부는 대통령 직의 권력 분산에 실패했으며, 이는 민주주의에 위험을 끼치는 추세이다.

Check-up ◀

🎧 Listen and fill in the blanks with the correct words. 🔘MP3

01 The marketing department has initiated a study to _____ the effectiveness of the current marketing campaign.

02 In an attempt to _____ electricity, the warehouse now uses motion sensors to activate the lights.

03 The partners of Coyote Inc. have voted to _____ the business due to mounting financial difficulties.

04 The Nelex Conglomeration ensures that its subsidiary companies follow strict _____ when communicating with the media.

05 Brazilian scientists launched a study three years ago to test a new _____ treatment for malaria.

06 Our company hopes to _____ its employees by offering them high wages and decent benefits.

07 Three of the twelve lines that make up the subway system will be _____ for the next five days.

08 Commuters who have an average round-trip commute of 50 kilometers or more reported feeling distracted and less _____.

09 The committee's concerns are not specific to VoiceMail but also _____ to other, similar services.

10 The government has failed to _____ power in the president's office, a trend that is a danger to democracy.

01 마케팅 부서는 현 마케팅 캠페인의 효과를 평가하기 위한 연구를 시작했다. 02 전기를 절약하는 시도로, 창고에서는 지금 모션 센서를 사용하여 조명을 작동시키고 있다. 03 Coyote 사의 협력사들은 증가하는 재정적 어려움 때문에 그 사업을 무효화하기로 투표했다. 04 대기업 Nelex은 자회사들이 언론과 소통할 때 엄격한 규칙을 따르도록 확실히 해야 한다. 05 브라질 과학자들은 새로운 말라리아 예방 치료를 시험해보기 위해 3년 전 연구를 개시했다. 06 우리 회사는 높은 임금과 상당한 복지 혜택을 제공함으로써 근로자들을 보유하고 싶어한다. 07 지하철 시스템을 구성하는 12개 노선 중 3개가 다음 5일 동안 가동이 중지될 것이다. 08 평균 왕복 50km 이상의 거리를 통근하는 통근자들은 산만하고 집중력이 떨어진다고 보고했다. 09 위원회의 관심사는 VoiceMail에만 한정된 것이 아니라 다른 비슷한 서비스들과도 관련이 있다. 10 정부는 대통령 직의 권력 분산에 실패했으며, 이는 민주주의에 위험을 끼치는 추세이다.

01 cluster

ʊ.s. [klʌ́stər]
ʊ.ᴋ. [klʌ́stə(r)]

n. 무리, 군중
v. 밀집시키다, 밀집하다

There was a large **cluster** of fans gathered around the opening of the hotel waiting for autographs.

기출 엿보기
the large cluster of trees 나무의 밀집도
cluster around ~의 주위에 무리를 짓다

Syn. array, clutch, gathering, band

02 inherent

ʊ.s. [inhíərənt/-hér-]
ʊ.ᴋ. [inhíərənt]

adj. 고유의, 본래의

inherently adv. 본질적으로

The auditor's report illustrates the complexities **inherent** in compiling data for financial reports.

기출 엿보기
inherent in [to] ~에 고유한
inherent competitiveness 고유 경쟁력

Syn. intrinsic, natural, essential, fundamental

03 sparingly

ʊ.s. [spέəriŋli]

adv. 드물게

sparing adj. 절약하는, 부족한

We should use business consultants **sparingly** because their fees are extremely expensive.

Syn. occasionally, rarely, scarcely

04 attest

ʊ.s. [ətést]

v. 증명하다, 증언하다

attestation n. 증명(서)

Mr. Rankin will **attest** to the fact that I left work early because I was feeling ill.

기출 엿보기
attest to the fact 사실을 증명하다

Syn. certify, manifest, demonstrate, evidence

---

01 사인을 기다리며 호텔 광장 주변에 모여있는 다수의 팬 무리들이 있었다.
02 감사관의 보고서에는 재무 보고용 축적 데이터 고유의 복잡성이 나타나 있다.
03 수임료가 엄청나게 비싸기 때문에 우리는 사업 컨설턴트를 가끔씩 이용해야 한다.
04 Rankin 씨는 내가 아파서 일찍 퇴근했다는 사실을 증명해 줄 것이다.

05 **intensity**
U.S. [inténsəti]

n. 세기, 강도, 격렬

intensify v. 세게 하다
intense adj. 극도의, 굉장한
intensive adj. 강한, 격렬한

The government's report will measure the **intensity** of small business activity on a regional basis.

기출 엿보기 with (great) intensity 열심히

Syn. extremity, force, magnitude

06 **populous**
U.S. [pápjələs]
U.K. [pɔ́pjələs]

adj. 인구 밀도가 높은

population n. 인구

China is the world's most **populous** country, but its GDP still ranks below the world's "developed" nations.

기출 엿보기 the most populous city 가장 인구 밀도가 높은 도시

Syn. crowded, dense, numerous, occupied

07 **orderly**
U.S. [ɔ́:rdərli]
U.K. [ɔ́:dəli]

adj. 질서 정연한, 예의 바른

order n. 순서, 차례

An **orderly** sale of the Montreal-based telecoms equipment maker is the best way to preserve value.

기출 엿보기 in an orderly fashion 질서 정연하게

Syn. arranged, methodical, regular

08 **constitute**
U.S. [kánstətjù:t]
U.K. [kɔ́nstətjù:t]

v. 구성하다, 설립하다

constitution n. 헌법, 구성, 설립
constitutional adj. 헌법의

The missing financial records **constitute** a serious breach of our company's security protocols.

Syn. compose, compound, construct, embody

---

05 정부 보고에서 지역별 소기업 활동의 강도를 측정할 것이다.
06 중국은 세계에서 가장 인구 밀도가 높은 나라지만 중국의 GDP는 여전히 세계의 선진국보다 낮은 수준이다.
07 몬트리올을 기반으로 하고 있는 통신 장비 제조 업체의 규칙적인 판매는 가치를 보존하는 최상의 방법이다.
08 빠진 재무 기록이 우리 회사의 보안 프로토콜의 심각한 불균형을 초래한다.

09 perception

US [pərsépʃən]
UK [pəsépʃən]

n. 인식, 자각

perceive v. 인식하다, 알아차리다
perceptive adj. 자각하는

The advertising campaign will demonstrate the product's benefits and improve the public's **perception** of our brand.

 기출 엿보기
perceptions of quality 품질에 대한 인식
have a perception 인식하다, 통찰력이 있다

Syn. awareness, understanding, sense, impression

10 rigorous

US [rígərəs]

adj. 철저한, 혹독한

rigor n. 엄격
rigorously adv. 철저하게, 엄격하게

All of our prospective employees must complete a **rigorous** two month training program.

 기출 엿보기
a rigorous climate 혹독한 기후
a rigorous inspection 철저한 조사

Syn. demanding, exacting, thorough, careful

11 diversify

US [divə́:rsəfài/dai-]
UK [divə́:səfài]

v. 다양화하다

diverse adj. 다양한

My financial advisor suggested that I **diversify** my portfolio to include more mutual funds.

 기출 엿보기
diversify product line 제품을 다양화하다

Syn. vary, change, expand, spread out

12 replenishment

US [ripléniʃmənt]

n. 보충, 보급

replenish v. 보충하다, 공급하다

Several of the problems in our automated system for stock **replenishment** have finally been fixed.

기출 엿보기
undergoing repairs and replenishment 수리와 보충 중인
It's time to replenish ~을 새로 채울 시간입니다.
replenish A with B A를 B로 채우다

Syn. refill, stuffing, racking

---

09 그 광고 캠페인은 상품의 이점을 증명하고, 우리 브랜드에 대한 대중의 인식을 높일 것이다.
10 모든 예비 직원들은 2달간의 철저한 연수 프로그램을 완수해야 한다.
11 내 재정 고문은 뮤추얼 펀드를 더 많이 포함시켜 내 포트폴리오를 다양화시키라고 제안했다.
12 재고 보충을 위한 자동화 시스템의 여러 문제들이 마침내 해결되었다.

13 exemplary

[U.S.] [igzémpləri/égzəmplèri]
[U.K] [igzémpləri]

adj. 모범적인, 전형적인

example n. 모범, 예

Michael's **exemplary** performance over the past year should earn him a generous pay raise and a promotion.

기출 엿보기 exemplary diet 균형잡힌 식사

[Syn.] model, standard, stereotypical

14 excel

[U.S.] [iksél]

v. 능가하다, 탁월하다

excellent adj. 뛰어난, 빼어난
excellently adv. 훌륭하게

Francis **excels** at mathematics, and her ability to analyze current economic trends is unrivaled.

기출 엿보기 excel at [in] ~에 뛰어나다
in excellent condition 상태가 매우 좋은
do an excellent job with ~을 훌륭하게 처리하다

[Syn.] surpass, be superior, beat, transcend

15 subcontractor

[U.S.] [sʌbkáːntræktər]
[U.K] [sʌbkəntrǽktə(r)]

n. 하청 업자

subcontract v. 하청 주다
             n. 하청 계약

The Home Reno Corporation relies on a small group of **subcontractors** to help complete specialty projects.

16 versatile

[U.S.] [və́ːrsətl]
[U.K] [və́ːsətàil]

adj. 다재다능한, 용도가 다양한

versatility n. 융통성, 다재다능

Corporate trainers have to be **versatile** enough to cope with the different ability levels of their trainees.

기출 엿보기 versatile at [in] ~에 다재다능한
versatile features 다양한 특성

[Syn.] adaptable, flexible, all-round, resourceful

---

13 지난 1년간 Michael의 모범적인 성과는 그에게 큰 폭의 임금 인상과 승진을 안겨다 줄 것이다.
14 Francis는 수학에 뛰어나며, 현 경제 동향을 분석하는 능력은 그녀를 따라올 사람이 없다.
15 Home Reno 사는 특별 프로젝트 완수를 도울 소규모 하청 업체에 의존한다.
16 회사 연수 담당자들은 연수생들의 다양한 능력 수준에 대처할 만큼 충분히 다재다능해야 한다.

17 plummet
[U.S.] [plʌ́mit]

v. 폭락하다, 뛰어들다

Oil manufacturing shortages caused the Dow Jones Industrial Average to **plummet** 235 points today.

 기출 엿보기
plummet to [towards] ~로 곤두박질치다
plummet to an all-time low 사상 최저치로 떨어지다

Syn. drop, fall, crash, plunge

18 recollection
[U.S.] [rèkəlékʃən]

n. 기억, 회상

recollect v. 기억하다, 회상하다
recollective adj. 추억의, 기억력이 있는

To the best of my **recollection**, Mr. Hailey said that he would arrive at 3: 30 p.m.

기출 엿보기
to my recollection 내 기억으로는

Syn. memory, recall, impression, remembrance

19 effortless
[U.S.] [éfərtlis]
[U.K] [éfətlis]

adj. 노력이 필요 없는, 쉬운

effortlessly adv. 쉽게

Guests will appreciate the attractive and functional tools that make mixing the perfect drink look **effortless**.

Syn. easy, simple, uncomplicated, undemanding

20 identify
[U.S.] [aidéntəfài]

v. 확인하다, 동일시하다

identity n. 신원, 정체
identification n. 일치, 확인

Aircraft are **identified** by special electronic devices, called transponders, which are required by law.

 기출 엿보기
identify any problems with ~이 지닌 문제점들을 밝혀내다
identify every possible method 모든 가능한 방법을 찾아내다

Syn. recognize, place, name, remember

21 profitability
[U.S.] [práfitəbiləti]

n. 수익성

profit n. 이익, 이득 v. 이익을 얻다
profitable adj. 유익한

TD Bank returned to **profitability**, sending its share price up over 5% in afternoon trading yesterday.

기출 엿보기
highest expectations for profitability 최대 수익 예상치

Syn. advantage, aptness, benefit

---

17 석유 생산량 부족으로 다우존스 공업주 평균이 오늘 235포인트 폭락했다.
18 내 기억으로는 Hailey 씨가 오후 3시 30분에 도착할 것이라고 말했다.
19 손님들은 그 완벽한 음료를 쉽게 혼합할 수 있는, 멋지고, 기능적인 기구들을 높이 평가할 것이다.
20 항공기는 트랜스폰더라고 불리는 특수 전자 장치로 식별되는데, 이는 법적으로 의무화되어 있다.
21 TD 은행은 어제 오후 거래에서 주가를 5% 상승시키며 수익성을 회복했다.

22 covert

[U.S.] [kʌ́vəːrt/kóu-]
[U.S.] [kʌ́vəːt]

adj. 비밀스러운

covertly adv. 은밀히

The agency has been conducting anti-terrorist operations in the U.S. and **covert** operations abroad.

 기출 엿보기   under the covert of ~에 숨어서; 위장하여

---

23 reside

[U.S.] [riːzáid]

v. 거주하다, 살다

resident n. 주민
residence n. 주거
residing adj. 거주하는

Contestants must **reside** in Australia and must have reached the age of majority in their state to be eligible.

 기출 엿보기   reside in ~에 주재하다, 살다

[Syn.] live, lodge, dwell, stay

---

24 confirmation

[U.S.] [kɑ̀nfərméiʃən]
[U.K.] [kɔ́nfəméiʃən]

n. 승인, 확인

confirm v. 승인하다, 확인하다
confirmative adj. 확인의

I am calling to request **confirmation** that my product order has been processed.

기출 엿보기   confirmation of ~에 대한 확인
official confirmation 공식적인 확인

[Syn.] accord, affirmation, authorization, endorsement

---

25 allowable

[U.S.] [əláuəbl]

adj. 허용되는, 합법적인

allow v. 허용하다

The sick were reported to have had a level that was three times the **allowable** limit for lead.

기출 엿보기   a list of allowable business expenses
허용되는 출장 비용 목록

[Syn.] permissible, acceptable, admissible, legal

---

22 그 에이전시는 미국에서 반 테러 작전을 수행하고 있으며, 해외에서 비밀 활동을 벌이고 있다.
23 참가자들은 자격을 얻으려면 오스트레일리아에 사는 거주자여야 하며 자기 주에서 성년이 된 사람이어야 한다.
24 상품 주문이 처리되었는지 확인을 요청하고 싶어 전화드립니다.
25 환자들은 납 성분의 허용 한계치의 3배 수준을 섭취해온 것으로 보도되었다.

26 denote
U.S. [dinóut]

v. 표시하다, 상징하다

denotation n. 표시, 상징
denotative adj. 표시하는

The researcher placed participants in groups of three and **denoted** one of each group as A, B, and C.

Syn. indicate, signify, symbolize, represent

27 receptacle
U.S. [riséptəkəl]

n. 그릇, 용기

During the 5-week strike, garbage **receptacles** overflowing with cups and bottles were a common sight.

28 falsify
U.S. [fɔ́:lsəfài]

v. 위조하다

A Miami landlord convicted of obstructing justice by trying to **falsify** smoke detector records is going to jail.

기출
엿보기
falsify a signature 서명을 위조하다
falsify income-tax report 소득세를 부정 신고하다

Syn. alter, misrepresent, change, adulterate

29 consequence
U.S. [kánsəkwèns/-kwəns]
U.K [kɔ́nsikwəns]

n. 결과, 중요성

consequent adj. 결과적인
consequently adv. 결과적으로

GLP International could face dire **consequences** if they don't begin to manage their debt properly.

기출
엿보기
positive consequences 긍정적 결과
as a consequence (of) ~의 결과로서, ~때문에

Syn. result, outcome, effect, end

30 commemorate
U.S. [kəmémərèit]

v. 기념하다

commemoration n. 기념, 축하
commemorative adj. 기념의

Flags are flying at half-mast to **commemorate** police and peace officers who died in the line of duty.

기출
엿보기
commemorate one's accomplishment ~의 업적을 기리다
commemorate the 50th anniversary 50주년을 기념하다

Syn. celebrate, remember, honor, memorialize

---

26 연구자는 참가자들을 세 그룹으로 정하고, 각 그룹을 A, B, C로 표시했다.
27 5주간의 파업 동안, 컵과 병으로 넘쳐나는 쓰레기통은 흔히 볼 수 있는 것이었다.
28 연기 탐지기의 기록을 조작하려고 함으로써 법 집행을 방해한 혐의로 기소된 마이애미의 한 건물주가 감옥에 갈 것이다.
29 GLP International은 채무를 적절히 관리하지 않는다면 끔찍한 결과를 맞이할 수도 있다.
30 근무 중 순직한 경찰과 치안관을 기리기 위해 반기가 게양되었다.

Check-up

Listen and fill in the blanks with the correct words. MP3

01 The auditor's report illustrates the complexities _____ in compiling data for financial reports.

02 The missing financial records _____ a serious breach of our company's security protocols.

03 The advertising campaign will demonstrate the product's benefits and improve the public's _____ of our brand.

04 My financial advisor suggested that I _____ my portfolio to include more mutual funds.

05 Francis _____ at mathematics, and her ability to analyze current economic trends is unrivaled.

06 Corporate trainers have to be _____ enough to cope with the different ability levels of their trainees.

07 Aircraft are _____ by special electronic devices, called transponders, which are required by law.

08 TD Bank returned to _____, sending its share price up over 5% in afternoon trading yesterday.

09 I am calling to request _____ that my product order has been processed.

10 A Miami landlord convicted of obstructing justice by trying to _____ smoke detector records is going to jail.

---

01 감사관의 보고서에는 재무 보고용 축적 데이터 고유의 복잡성이 나타나 있다. 02 빠진 재무 기록이 우리 회사의 보안 프로토콜의 심각한 불균형을 초래한다. 03 그 광고 캠페인은 상품의 이점을 증명하고, 우리 브랜드에 대한 대중의 인식을 높일 것이다. 04 내 재정 고문은 뮤추얼 펀드를 더 많이 포함시켜 내 포트폴리오를 다양화시키라고 제안했다. 05 Francis는 수학에 뛰어나며 현 경제 동향을 분석하는 능력은 그녀를 따라올 사람이 없다. 06 회사 연수 담당자들은 연수생들의 다양한 능력 수준에 대처할 만큼 충분히 다재다능해야 한다. 07 항공기는 트랜스폰더라고 불리는 특수 전자 장치로 식별되는데, 이는 법적으로 의무화되어 있다. 08 TD 은행은 어제 오후 거래에서 주가를 5% 상승시키며 수익성을 회복했다. 09 상품 주문이 처리되었는지 확인을 요청하고 싶어 전화드립니다. 10 연기 탐지기의 기록을 조작하려고 함으로써 법 집행을 방해한 혐의로 기소된 마이애미의 한 건물주가 감옥에 갈 것이다.

Day 10

01 complication
U.S. [kàmpləkéiʃən]
U.K. [kɔ̀mpləkéiʃən]

n. (pl.)귀찮은 문제, 복잡함, 합병증

complicate v. 복잡하게 하다
complicated adj. 복잡한

Saving data on an external hard drive will help prevent **complications** if your computer system crashes.

 기출 엿보기
cause[avoid] complications 복잡한 문제를 일으키다[피하다]
serious complications 심각한 합병증

---

02 miscellaneous
U.S. [mìsəléiniəs]

adj. 다양한, 잡다한

miscellaneously adv. 다양하게

This folder is full of **miscellaneous** correspondence between the payroll department and the finance department.

기출 엿보기
miscellaneous gadgetry 잡다한 장치
a miscellaneous collection of books 온갖 종류의 도서 모음

Syn. varied, assorted, diverse, diversified

---

03 subsequently
U.S. [sʌ́bsikwəntli]

adv. 그 후에, 그 결과로서

subsequent adj. 다음의

In 2009 he was arrested and **subsequently** convicted of securities fraud in connection with a massive Ponzi scheme.

Syn. after, afterward, later

---

04 compile
U.S. [kəmpáil]

v. (자료를) 수집하다, 축적하다

compilation n. 편집(물)

The project will require you to **compile** data from customer surveys and report your findings.

 기출 엿보기
compile from ~에서 편찬하다
a guidebook compiled from a variety of sources
다양한 출처를 통해 편집된 안내서

Syn. put together, collect, gather, organize

---

01 외장 하드 드라이브에 자료를 저장해 놓으면 컴퓨터 시스템이 고장 나도 혼란을 막을 수 있다.
02 이 폴더는 회계부와 재무부 사이에 오간 다양한 서신들로 가득 차 있다.
03 2009년에 그는 체포되었고 그 후 대규모 피라미드형 사기와 관련된 증권 사기로 유죄 판결을 받았다.
04 프로젝트를 위해 당신은 고객 조사에서 나온 자료를 수집하고, 결과를 보고해야 합니다.

05 intuition

[U.S.] [ìntuːíʃən]
[U.K] [ìntjuíʃən]

n. 직감

intuitive adj. 직관력 있는

Mr. Timberlain appears to have an uncanny **intuition** for discovering solid investment opportunities.

 by intuition 직감적으로

[Syn] instinct, perception, insight

06 predictable

[U.S.] [pridíktəbəl]

adj. 예측할 수 있는

predict v. 예측하다
prediction n. 예측, 예언

Long-term government economic strategy should promote a stable and **predictable** business environment.

기출 엿보기 a predictable result 뻔한 결과
It is predictable that절 ~을 예측할 수 있다

[Syn] expected, anticipated, foreseeable

07 provisionally

[U.S.] [prəvíʒənəli]

adv. 임시로, 잠정적으로

provisional adj. 잠정적인

South Africa could lose its bronze medal in show jumping after a horse on the team was **provisionally** suspended.

[Syn] temporarily, on certain conditions

08 dwindle

[U.S.] [dwíndl]

v. 줄어들다, 감소하다

dwindling adj. 쇠퇴하는, 후퇴하는

The price of gold has **dwindled** to its lowest point in the past 25 years.

기출 엿보기 dwindle (away) to ~로 점차 줄다
dwindled to the lowest point 최저점으로 감소하다

[Syn] lessen, decline, diminish, decrease

---

05 Timberlain 씨는 확실한 투자 기회를 포착하는 데 남다른 직감이 있는 듯 보인다.
06 장기적인 정부 경제 전략은 안정적이고 예측 가능한 사업 환경을 조성해야 한다.
07 남아프리카는 팀의 말이 일시적으로 출전이 정지된 후 장애물 뛰어넘기에서 동메달을 놓칠 수도 있었다.
08 금 가격이 지난 25년 만에 최저치로 떨어졌다.

09 petition

U.S. [pitíʃən]

n. 청원(서), 탄원(서)
v. 청원하다, 간청하다

petitionary adj. 청원의

Activists have started a **petition** against the government's plan to dump nuclear waste in an abandoned uranium mine.

기출 엿보기   petition for ~을 (달라고) 간청하다
a petition in [of] bankruptcy 파산 신청

Syn. appeal, round robin, list of signatures

10 robust

U.S. [roʊbʌ́st]
U.K. [rəʊbʌ́st]

adj. 강건한, 확고한, 활발한

The board of directors praised our **robust** third quarter profits at today's strategy meeting.

기출 엿보기   robust economy 활황을 보이는 경제
a robust speech 확고한 연설

Syn. strong, tough, healthy, hardy

11 exclaim

U.S. [ikskléim]

v. 외치다, 소리치다

Roger **exclaimed** that he was tremendously honored to receive the award for excellence in journalism.

기출 엿보기   exclaim against 강하게 항의하다, 비난하다

Syn. cry, shout, bellow

12 jointly

U.S. [dʒɔ́intli]

adv. 공동으로

joint adj. 공동의

The Alpine Pass was **jointly** funded by the French and Swiss governments at a cost of more than $14 billion.

기출 엿보기   couples filing jointly 공동으로 신고하는 부부

Syn. coincidentally, collectively, combined, in common

---

09 운동가들은 핵 폐기물을 우라늄 폐광에 버리려는 정부의 계획에 반대하는 탄원을 시작했다.
10 이사회는 오늘 전략 회의에서 우리의 강력한 3분기 수익을 칭찬했다.
11 Roger는 저널리즘 우수상을 수상하게 되어 대단히 영광이라고 외쳤다.
12 Alpine Pass는 140억 달러 이상의 비용에 프랑스와 스위스 정부로부터 공동으로 자금 지원을 받았다.

13 identifiable
U.S. [aidéntəfàiəbəl]

adj. 확인할 수 있는

identification
n. 동일함의 확인, 식별, 신분 증명서
identifying adj. 확인하는, 식별하는

Her loud, shrill voice was easily **identifiable** in the crowd, so I found her easily.

Syn. recognizable, accountable, ascribable, attributable

14 request
U.S. [rikwést]

n. 요청
v. 요청하다

The payroll administrator will process Ms. Tingle's vacation **request** following approval from her department manager.

기출 엿보기
request for ~에 대한 요청
upon request 요청하는 대로
at the request of A A의 요청에 따라
be requested to+동사원형 ~하도록 요청받다

Syn. ask for, appeal for, put in for, demand

15 enthusiasm
U.S. [enθú:ziæzəm/in-]
U.K [inθjú:ziæzəm]

n. 열광, 감격

enthuse v. 열광하다
enthusiastic adj. 열광적인
enthusiastically adv. 열광적으로

I propose that we organize a team-building exercise to raise **enthusiasm** in the office.

기출 엿보기
with great pride and enthusiasm 큰 자부심과 열정으로

Syn. keenness, interest, passion, motivation

16 receptive
U.S. [riséptiv]

adj. 잘 받아들이는

reception n. 수령
receptible adj. 받을 수 있는

The opera adaptation of *The Handmaid's Tale* met a **receptive** audience at its Thursday night London premiere.

기출 엿보기
receptive to ~을 잘 받아들이는

Syn. acceptant, accessible, amenable, acceptive

---

13 그녀의 크고 날카로운 목소리는 군중 속에서도 쉽게 알 수 있어서 나는 그녀를 쉽게 찾았다.
14 급여 관리자가 부서 팀장의 승인을 받은 후에 Tingle 씨의 휴가 요청을 처리할 것이다.
15 저는 사무실에서 열정을 높은 수준으로 끌어올리기 위해 팀 단위 활동을 조직할 것을 제안합니다.
16 《시녀 이야기》를 각색한 오페라는 목요일 밤 런던 초연에서 반응이 좋은 관객들을 만났다.

17 collate

[U.S.] [kəléit/kou-]
[U.K.] [kəléit]

v. 대조하다, 맞추어 보다

collation n. 대조, 확인

Bravo to Mr. Colasanti for taking the time and initiative to collect and **collate** this information for the group.

 collate with ~와 맞추어 보다
collate data [information, figures]
자료[정보, 수치]를 대조하다

---

18 field

[U.S.] [fi:ld]

n. 분야, 현장

Few people are as well respected in the **field** of cryptography as Mr. Han.

 field trips 현장 학습
the field of chemistry 화학 분야

---

19 consequential

[U.S.] [kὰnsəkwénʃəl]
[U.K.] [kɔ̀nsəkwénʃəl]

adj. 결과로 일어나는, 중대한

consequentially adv. 결과적으로

Economic development and **consequential** changes in lifestyle and diet might explain China's increasing prevalence.

 by two consequential regions 두 중요한 영역에 의해서
suffer a consequential loss of earnings
그에 따른 수입 손실을 겪다

Syn. considerable, important, meaningful

---

20 preclude

[U.S.] [priklú:d]

v. 방해하다, 가로막다

preclusion n. 방해, 방지

In a late press release, Systel said that the procedures do not **preclude** offers to buy other assets.

 preclude from ~하지 못하게 방해하다
preclude a firm from going bankrupt 회사의 파산을 막다

Syn. avert, deter, discontinue, exclude

---

21 requirement

[U.S.] [rikwáiərmənt]
[U.K.] [rikwáiəmənt]

n. 필수 조건, 요건

require v. 요구하다, 요청하다

The most important **requirement** of the job is fluency in one or more East Asian languages.

 meet requirements 요구 사항을 만족시키다
customers' needs and requirements 고객의 필요와 요구

Syn. necessity, demand, stipulation, prerequisite

---

17 시간을 내서 모두를 위해 솔선해서 이 정보를 모으고 대조해 주신 Colasanti 씨를 위해 건배합시다.
18 한씨만큼 암호 해독 분야에서 그토록 존경받는 사람은 거의 없다.
19 경제 발전과 그로 인한 생활 양식과 식단의 변화는 중국의 영향력 증가에 대한 설명이 될 수 있다.
20 최근 보도 발표에서 Systel은 그 과정들로 인해 다른 자산을 사려는 제안이 가로막히지는 않을 것이라고 말했다.
21 그 일의 가장 중요한 요건은 하나 이상의 동아시아 언어에 능통한 것이다.

22 irrespective

[U.S.] [ìrispéktiv]

adj. 상관없는, 관계없는

irrespectively adv. 관계 없이

The workers were assigned communal housing, **irrespective** of the fact that they didn't know one another.

기출 엿보기   irrespective of ~에 상관없이, ~에 관계없이

Syn. regardless of

23 dissipate

[U.S.] [dísəpèit]

v. 사라지다, 흩어지게 하다

dissipation n. 소산, 분해
dissipative adj. 소산하는

Hurricane Leonard weakened to a tropical depression on Wednesday and is expected to **dissipate** overnight, said forecasters.

기출 엿보기   dissipate one's efforts [fortune] ~의 노력[재산]을 낭비하다

Syn. dispel, disperse, dissolve

24 seasoning

[U.S.] [síːzəniŋ]

n. 조미료

season v. 음식에 간을 맞추다
seasoned adj. 숙련된, 조미한

A UK spice importer supplied the salmonella-contaminated **seasoning** used on snack food that has sickened 40 people.

기출 엿보기   add seasoning 양념을 치다

Syn. flavouring, spice, salt and pepper, condiment

25 symmetrical

[U.S.] [simétrikəl]

adj. 대칭적인, 균형이 잡힌

symmetrically adv. 대칭적으로

Fossil records show that the massive pliosaur, dubbed Predator X, had two sets of largely **symmetrical** flippers.

기출 엿보기   symmetrical to [with] ~에 대칭되는

Syn. balanced, commensurate, proportional

---

22 근로자들은 서로를 잘 모른다는 사실과는 상관 없이 공동 주택을 배정 받았다.
23 허리케인 Leonard는 수요일 열대성 저기압으로 약화되었고 하룻밤 사이에 사라질 것으로 예상된다고 기상 예보관들은 말했다.
24 영국의 한 향신료 수입 업체가 스낵 식품에 사용된 살모넬라균에 오염된 조미료를 공급하여 40명이 병이 났다.
25 화석 기록은 포식자 X라고 불리는 거대 플리오사우르가 대칭을 이루는 두 쌍의 거대한 지느러미 발을 가지고 있었음을 보여준다.

26 fray
[U.S.] [fréi]

v. 닳아 빠지게 하다

Western Airways cancelled 31 flights over the weekend as inspectors looked for **frayed** or worn out wires.

 기출 엿보기   the frayed sleeves 닳아 빠신 소매

Syn. wear thin, wear, rub, wear out

27 precondition
[U.S.] [prìːkəndíʃən]

n. 전제 조건, 선결 조건

The other **precondition** of support is that the company must reach a deal with automakers on sharing technology.

 기출 엿보기   a precondition for a promotion 승진의 필수 조건
several preconditions 몇 가지 선결 조건들

Syn. arrangement, condition, essential, necessity

28 implicate
[U.S.] [ímplikèit]

v. 관련시키다, 연루시키다

implication n. 함축, 내포
implicative adj. 함축적인

The lawsuits **implicate** several financial advisers who are alleged to have solicited investment funds.

 기출 엿보기   implicate in ~에 연루시키다

Syn. affect, associate, blame, charge

29 replica
[U.S.] [réplikə]

n. 모조품, 모사

They set sail on the North Atlantic in a **replica** of a Viking ship from another era.

 기출 엿보기   make a replica of ~을 복제하다

Syn. reproduction, model, copy, imitation

30 misrepresent
[mìsreprizént]

v. 잘못 전하다,
부정확하게 말하다

At least one official is fed up with overbooked planes and ads that **misrepresent** the true cost of air travel.

기출 엿보기   misrepresent as ~라고 잘못 전하다

Syn. disguise, distort, confuse, falsify

---

26 Western 항공사는 조사관들이 닳거나 낡은 전선을 찾아내었기 때문에 주말에 31개의 항공편을 취소했다.
27 지원의 다른 전제 조건은 기술을 공유하는 것에 대해 회사가 자동차 제조 업체들과 계약을 체결해야 한다는 것이다.
28 그 소송에는 투자 자금을 요구했다고 알려진 여러 금융 자문가들이 연루되어 있다.
29 그들은 다른 시대의 바이킹 배의 모조품으로 북대서양 항해에 나섰다.
30 최소한 한 명의 임원은 예약 초과된 비행기와 실제 항공료를 잘못 전달하는 광고에 진저리를 친다.

Check-up

Listen and fill in the blanks with the correct words. ⓒMP3

01 Saving data on an external hard drive will help prevent _____ if your computer system crashes.

02 The project will require you to _____ data from customer surveys and report your findings.

03 Long-term government economic strategy should promote a stable and _____ business environment.

04 The price of gold has _____ to its lowest point in the past 25 years.

05 The Alpine Pass was _____ funded by the French and Swiss governments at a cost of more than $14 billion.

06 The payroll administrator will process Ms. Tingle's vacation _____ following approval from her department manager.

07 Bravo to Mr. Colasanti for taking the time and initiative to collect and _____ this information for the group.

08 Economic development and _____ changes in lifestyle and diet might explain China's increasing prevalence.

09 Hurricane Leonard weakened to a tropical depression on Wednesday and is expected to _____ overnight, said forecasters.

10 Fossil records show that the massive pliosaur, dubbed Predator X, had two sets of largely _____ flippers.

01 외장 하드 드라이브에 자료를 저장해 놓으면 컴퓨터 시스템이 고장 나도 혼란을 막을 수 있다. 02 프로젝트를 위해 당신은 고객 조사에서 나온 자료를 수집하고, 결과를 보고해야 합니다. 03 장기적인 정부 경제 전략은 안정적이고 예측 가능한 사업 환경을 조성해야 한다. 04 금 가격이 지난 25년 만에 최저치로 떨어졌다. 05 Alpine Pass는 140억 달러 이상의 비용에 프랑스와 스위스 정부로부터 공동으로 자금 지원을 받았다. 06 급여 관리자가 부서 팀장의 승인을 받은 후에 Tingle 씨의 휴가 요청을 처리할 것이다. 07 시간을 내서 모두를 위해 솔선해서 이 정보를 모으고 대조해 주신 Colasanti 씨를 위해 건배합시다. 08 경제 발전과 그로 인한 생활 양식과 식단의 변화는 중국의 영향력 증가에 대한 설명이 될 수 있다. 09 허리케인 Leonard는 수요일 열대성 저기압으로 약화되었고 하룻밤 사이에 사라질 것으로 예상된다고 기상 예보관들은 말했다. 10 화석 기록은 포식자 X라고 불리는 거대 플리오사우르가 대칭을 이루는 두 쌍의 거대한 지느러미 발을 가지고 있었음을 보여준다.

Day 10 95

Week 2

Review Test

Choose the best answer and complete the sentence.

01 China announced a complete _____ of its dairy industry Thursday to improve safety at every step.

(A) assess   (B) pledge   (C) overhaul   (D) oblige

02 American and Middle Eastern airlines are expected to hold up _____ well despite the downturn.

(A) comparatively   (B) commercially   (C) concisely   (D) consequently

03 Job trends in this age group are _____ of a healthy or not-so-healthy economy.

(A) inoperative   (B) indicative   (C) irrespective   (D) interactive

04 New _____ will be enacted immediately to halt the spread of H1N1 virus and other communicable diseases.

(A) protocols   (B) founder   (C) petition   (D) quotation

05 Manufacturers will be responsible for the _____ and recycling of packaging for goods created.

(A) retrieval   (B) validity   (C) clarity   (D) duration

06 Under German law you are _____ to go to court if you are aware of a criminal act.

(A) obliged   (B) exclaimed   (C) comprised   (D) validated

07 Studies show that students who are physically active are more _____ in class.

(A) receptive   (B) attentive   (C) preventative   (D) indicative

08 There are undoubtedly many reasons why Obama captured the _____ of young voters.

(A) extremity   (B) infringement   (C) replenishment   (D) enthusiasm

01 중국은 모든 단계에서의 안전성을 향상시키기 위해 목요일 낙농업에 대한 완전하고 철저한 검사를 발표했다. 02 미국 및 중동 항공사들은 경기 침체에도 불구하고 비교적 잘 버틸 것으로 예상된다. 03 이 연령층의 취업 동향은 경제가 건실한지 또는 그렇지 않은지를 나타낸다. 04 신종 바이러스와 다른 전염성 질병의 확산을 막기 위해 새로운 협약이 즉시 시행될 것이다. 05 제작자들은 생산된 상품 포장의 회수와 재활용을 담당할 것이다. 06 독일 법에서는 범죄 행위를 알고 있다면, 법정으로 가는 것이 의무이다. 07 연구는 신체적으로 활동적인 학생들이 수업에서 집중력이 더 높다는 것을 보여준다. 08 오바마가 왜 젊은 유권자들의 열정을 사로잡았는지에 대해 확실히 많은 이유들이 있다.

09 The star striker signed with Villareal in Spain in late 2008 but played only
_____ after suffering a foot injury.

(A) moderately   (B) subsequently   (C) sparingly   (D) provisionally

10 Today he is still a leading spokesperson on this subject and continues to
_____ data from scientific studies.

(A) recline   (B) compile   (C) deplete   (D) outsource

11 The firm will disclose some technical information about its products to make
them more _____ with competing software.

(A) permissible   (B) compatible   (C) predictable   (D) identifiable

12 The year 2009 witnessed an _____ shift in consumer demand from trucks
to smaller fuel-efficient cars.

(A) constituted   (B) unprecedented   (C) precluded   (D) implicated

13 Tropical depression Sara will continue to _____ as it moves across the
Caribbean Sea and reaches the coast.

(A) dissipate   (B) dissolve   (C) dilute   (D) diversify

14 Family and friends of the young police officer killed last weekend remembered
him as an _____ member of the force.

(A) exemplary   (B) populous   (C) removable   (D) interactive

15 The minister of finance and trade said the country must do more to strengthen
copyright _____ laws.

(A) infringement   (B) mastermind   (C) increment   (D) remittance

16 The researcher noted that the dominance of dinosaurs owed more to good
fortune than any _____ evolutionary advantage.

(A) fierce   (B) inherent   (C) exclusionary   (D) malign

09 그 스타급 스트라이커는 2008년 후반에 스페인의 Villareal과 계약했지만 발 부상으로 이따금씩만 출전했다. 10 오늘 그는 여전히 이 주제에 대한 주요 대변인이며 과학적 연구로부터 자료를 계속해서 수집할 것입니다. 11 그 회사는 경쟁 소프트웨어와 좀 더 호환할 수 있도록 하기 위해 상품에 대한 기술 정보를 일부 공개할 것이다. 12 2009년도에는 소비자 수요에 있어서 트럭에서 더 작은 연료 효율적인 차로 전례 없는 변화가 있었다. 13 열대성 저기압인 Sara는 카리브 해를 통과하여 해안에 도착할 때까지 계속 세력이 약화될 것이다. 14 지난 주말 살해된 그 젊은 경찰관의 가족과 친구들은 그를 모범적인 경찰관으로 기억했다. 15 재정 통상부 장관은 나라가 저작권 침해법을 강화하기 위해 좀 더 많은 조치를 취해야 한다고 말했다. 16 그 연구자는 공룡의 우월성은 어떠한 고유한 진화적인 이점 보다는 좋은 운 때문이라고 말했다.

토익 900+ 필수보카

Week 1

Week 2

Week 3

Week 4

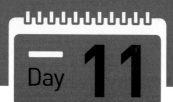

---

01 **referral**

[U.S.] [rifə́ːrəl]

n. 소개, 참조, 추천

refer v. ~을 ~에게 보내다, 참조시키다

Before you can see the specialist, you'll need to get a **referral** from a general practioner.

 기출 엿보기
employment referrals 취업 알선
be prepared for referral to ~로 넘겨질 준비가 되다

Syn. criterion, reference, guideline, standard

---

02 **contingent**

[U.S.] [kəntíndʒənt]

adj. ~에 따라 결정되는

contingency n. 우연성, 우발

The release of the new HIV medication is **contingent** on the approval of the Federal Drug Administration.

기출 엿보기
be contingent upon ~에 따라 결정되다

Syn. dependent, uncertain, incidental, probable

---

03 **presumably**

[U.S.] [prizúːməbli]

adv. 추측하건대

presume v. 가정하다, 추정하다

Presumably, the second phase of the building's construction will be completed before winter begins.

기출 엿보기
A will presumably double or triple.
A는 아마 2~3배가 될 것이다.

Syn. probably, apparently, seemingly

---

04 **accumulate**

[U.S.] [əkjúːmjəlèit]

v. 축적하다, 모으다

accumulation n. 축적, 누적
accumulative adj. 적립식의

The winner of the event will have **accumulated** the most points over the full 40km race.

 기출 엿보기
accumulate a fortune 축재하다
accumulate leave time 휴가 일수를 축적하다

 Syn. build up, increase, collect, gather, pile up

---

01 전문의에게 진찰받기 전에 일반 의사로부터 소개를 받아야 합니다.
02 새로운 HIV 치료약의 보급은 연방 식품 의약품국(FDA)의 승인 여하에 달려 있다.
03 추측하건대, 그 건물의 제 2단계 공사가 겨울이 시작되기 전에 완성될 것이다.
04 행사의 우승자는 40Km 경주에서 가장 높은 점수를 축적할 것이다.

05 configuration
[kənfìgjəréiʃən]

n. 상대적 외형, 배치, 형태

configure v. 형성하다, 배치하다

Only one particular **configuration** of the computers in the lab will allow the printing service to operate.

기출 엿보기 peer-to-peer network configuration
P2P 기반의 네트워크 방식

Syn composition, disposition, figure, shape

06 preparatory
[pripǽrətɔ̀:ri/-təri]
[pripǽrətəri]

adj. 준비의, 서론의

prepare v. 준비하다

I was advised to take a **preparatory** course before applying to the MBA program.

기출 엿보기 a college preparatory academy 대학 입학 준비 학교
preparatory remarks 서언

Syn preliminary, introductory, reserve, spare

07 enormously
[inɔ́ːrməsli]

adv. 막대하게

enormous adj. 거대한, 막대한

The bridge would be **enormously** expensive given the population base, but a tunnel would cost even more than that.

기출 엿보기 enormously expensive 엄청나게 비싼
enormaus differences between A and B
A B 사이의 엄청난 차이점

Syn extensively, tremendously, immensely

08 escort
[éskɔːrt]

v. 수행하다, 바래다 주다

The police **escorted** the accused fraudster into the building for his first court appearance.

기출 엿보기 escort A to B A를 B로 안내해 주다

Syn accompany, lead, conduct, guide

09 preamble
[prí:æmbəl]
[pri:æmbəl]

n. 서론, 서문

The **preamble** to the training guide briefly introduces the reader to the goals of the program.

기출 엿보기 without preamble 단도직입적으로
the preamble of the CEO's speech 최고 경영자의 연설 서문

Syn preface, foreword, introduction, prologue

---

05 실험실에서 한 가지 특정한 방식으로 컴퓨터를 배치해야만 인쇄 서비스가 가동될 것이다.
06 나는 경영학 석사 프로그램에 지원하기 전에 준비 과정을 들으라고 조언받았다.
07 인구 규모를 생각하면 그 다리는 엄청나게 비용이 많이 들었지만 터널은 그보다 훨씬 더 많이 들 것이다.
08 경찰은 기소된 사기꾼의 첫 법정 출두를 위해 그를 건물로 안내했다.
09 훈련 가이드의 서문은 독자에게 프로그램의 목적에 대해 간략하게 소개한다.

10 selected
[U.S] [siléktid]

adj. 선택된, 선발된

select v. 선택하다 adj. 고른, 발췌한
selection n. 선택, 정선

Two members of the purchasing team will be **selected** to attend next month's trade fair.

기출 엿보기 a selected candidate 선택된 후보

Syn. chosen, decided, appointed

11 sponsor
[U.S] [spánsər]
[U.K] [spɔ́nsər]

v. 후원하다

sponsorial adj. 후원자의, 보증인의

Nestle became the first major **sponsor** to announce it is parting ways with Olympic champion Michael Peters.

기출 엿보기 be sponsored by A A가 후원[협찬]하는
sponsor for ~을 위해 후원하다
sponsor the charity auction 자선 경매 행사를 후원하다

Syn. back, promote, subsidize, patronize

12 scrutiny
[U.S] [skrú:təni]

n. 정밀 조사, 검사

scrutinize v. 조사하다
scrutinization n. 조사, 검사

QUARY Industry has faced recent **scrutiny** regarding their decision to close down their manufacturing plant in Davisville.

기출 엿보기 make a scrutiny into ~을 정밀 조사하다

Syn. examination, investigation, search, inspection

13 reliant
[U.S] [riláiənt]

adj. 신뢰하는, 의지하는

rely v. 의지하다, 신뢰하다
reliability n. 신뢰도, 확실성
reliantly adv. 확실하게

We are concerned about the survival of the honeybee because many plant species are **reliant** on them.

기출 엿보기 reliant on ~에 의지하는

Syn. dependent, relative, relying, susceptible

---

10 구매팀 중 두 명이 다음 달 있을 무역 박람회에 참가할 수 있게 선발될 것이다.
11 Nestle은 올림픽 챔피언 Michael Peters와 결별을 선언한 첫 번째 주요 후원자가 되었다.
12 QUARY 산업은 Davisville의 제조 공장 폐쇄 결정과 관련하여 최근 정밀 조사를 받았다.
13 우리는 많은 식물 종이 꿀벌에게 의지하고 있기 때문에 꿀벌의 생존에 대해 걱정한다.

14 **customary**

U.S. [kʌ́stəmèri]
U.S. [kʌ́stəmɚri]

adj. 통례의, 습관적인

custom n. 관습, 관행

Steve Moore earned only his **customary** $1 US salary during his final year as chief executive.

기출
엿보기 customary for ~에게 습관적인
a customary practice 습관

Syn. accustomed, regular, usual

15 **removal**

U.S. [rimúːvəl]

n. 제거

remove v. 제거하다, 옮기다

In the 1990s, over $200 billion was spent on **removal** of asbestos insulation in the United States.

기출
엿보기 removal from ~로부터의 제거, 이동

Syn. extraction, withdrawal, eradication, taking away

16 **promotional**

U.S. [prəmóuʃ{}nal]

adj. 선전의, 판매 촉진(용)의

promote v. 승진시키다, 촉진하다
promotion n. 승진, (제품의) 판매 촉진

VantRent is running a workshop to help practitioners understand the components of a successful **promotional** campaign.

기출
엿보기 promotional brochure 홍보용 소책자
promotional offers 홍보용 특별 서비스

17 **annex**

U.S. [ǽneks]
U.K. [ənéks]

v. 합병하다, 부가하다
n. 별관, 부가물

The council is considering a plan to **annex** 10,000 acres of land in all four directions around the city.

기출
엿보기 annex A to B A를 B에 덧붙이다, A를 B에 통합하다
easy access to the annex 별관으로 쉽게 갈 수 있는

Syn. affix, attach, associate

---

14 Steve Moore는 최고 경영자로서 마지막 해에 통례적으로 봉급 1달러만을 받았다.
15 1990년대에 미국은 석면 단열재를 없애기 위해 2천억 달러 이상을 사용했다.
16 VantRent는 전문직 종사자들이 성공적인 홍보 활동의 요소들을 이해하는 데 도움을 주기 위해 워크숍을 운영하고 있다.
17 의회는 도시 주변에 사방으로 1만 에이커의 토지를 통합하려는 계획을 고려하고 있다.

18 audible
[U.S.] [ɔ́ːdəbl]

adj. 들리는

audibility n. 가창력, 청력

The attendees gave an **audible** sigh of relief when it was announced that the bomb scare was a false alarm.

기출 엿보기 barely audible 거의 들리지 않는

Syn. hearable, loud enough, resounding, sounding

19 confer
[U.S.] [kənfə́ːr]

v. 수여하다, 주다, 협의하다

conference n. 회의, 회담

Democracy requires that the trust citizens **confer** on those they elect must always be respected.

기출 엿보기
confer on ~에게 수여하다
confer with ~와 의논하다
confer about[on] ~에 대해 협의하다

Syn. accord, allow, award, donate

20 refreshments
[U.S.] [rifréʃmənts]

n. 다과

Sponsors are also being lined up to provide free **refreshments** and to pay for parking.

기출 엿보기
light refreshments 가벼운 다과
refreshments provided 다과 제공

Syn. food and drink, drinks, snacks

21 poised
[U.S.] [pɔizd]

adj. 준비가 된, 침착한

The government is **poised** to introduce a tough new bill on credit cards that would limit interest rates.

기출 엿보기 be poised to + 동사원형 ~할 준비[태세]가 되다

Syn. ready, prepared, standing by, all set

---

18 참석자들은 폭파 경고가 허위 경보였다는 사실이 발표되자 큰 안도의 한숨을 쉬었다.
19 민주주의에서 시민들이 자신이 선출한 사람에게 주는 신뢰는 언제나 존중되어야 한다.
20 후원자들은 또한 무료 다과를 나눠주고 주차비를 지불하기 위해 줄을 서고 있다.
21 정부는 금리를 제한할 신용 카드와 관련된 엄격한 새 법안을 도입할 준비가 되어 있다.

22 execute

U.S. [éksikjùːt]

v. 수행하다, 실행하다

executive n. 간부, 중역

Environmental activists have suggested that the government must **execute** stricter environmental regulations to prevent severe ecological damage.

기출 엿보기
execute a plan 계획을 수행하다
execute a turn 방향을 바꾸다

Syn. accomplish, fulfill, complete, perform

23 presumption

U.S. [prizʌ́mpʃən]

n. 추정, 가정

presume v. 추정하다, 상상하다

Central to U.S. law is the **presumption** of innocence until proven guilty in a court of law.

기출 엿보기 on the presumption of ~라고 추정하고

Syn. anticipation, assumption, likelihood, plausibility

24 misleading

U.S. [mislíːdiŋ]

adj. 현혹시키는, 오도하는

misleadingly adv. 오해시킬 만큼
mislead v. 오해시키다

The committee is accusing two telephone marketing companies of making false, **misleading**, or deceptive statements to consumers.

기출 엿보기 It is misleading to ~은 오해를 불러일으키다
misleading instructions[advertisements]
사람을 호도하는 지시[광고]

Syn. confusing, false, ambiguous, deceptive

25 insinuate

U.S. [insínjuèit]

v. 넌지시 내비치다

insinuator n. 넌지시 말하는 사람
insinuation n. 넌지시 말하기, 암시

The Chinese government considers the visit an insult, and they **insinuate** there will be consequences.

기출 엿보기 insinuate oneself into a person's favor
교묘히 남의 환심을 사다

Syn. imply, allude, ascribe, indicate

---

22 환경 운동가들은 심각한 생태 파괴를 막기 위해 정부가 더 강력한 환경 규제를 실시해야 한다고 제안했다.
23 법정에서 유죄가 입증될 때까지 무죄로 가정하는 것은 미국 법의 핵심이다.
24 위원회는 텔레 마케팅 회사 두 곳이 거짓되고 고객을 현혹시키며 오해를 살 만한 이야기를 한다고 비난하고 있다.
25 중국 정부는 그 방문을 모욕이라고 간주하고 그에 상응하는 결과가 있을 것이라는 의도를 넌지시 비추었다.

26 **adhesive**

U.S. [ædhíːsiv/-ziv]

adj. 들러붙는, 점착성의

n. 접착제

adhesively adv. 끈끈하게

Consumers will no longer have to deal with those annoying little **adhesive** stickers tacked on to fruit and vegetables.

 기출 엿보기   an adhesive tape 접착 테이프

an adhesive envelope 풀칠이 되어 있는 봉투

Syn. adherent, sticky, tenacious

---

27 **plenary**

U.S. [plíːnəri/plén-]

adj. 전원 출석한, 완전한

plenarily adv. 완전히

A wide range of hands-on workshops will be held at the venue before Saturday's **plenary** session.

기출 엿보기   plenary session[assembly] 총회

Syn. absolute, complete, full, general

---

28 **buoyancy**

U.S. [bɔ́iənsi/búːjən-]

n. 부력, (주가) 상승 경향

buoy v. ~을 뜨게 하다

The new swimsuits are said to improve a swimmer's speed, **buoyancy**, and endurance during competition.

Syn. resilience, bounce, springiness

---

29 **decade**

U.S. [dékeid/dəkéid]

n. 10년간

Over the **decade**, GM has closed plants and laid off workers across North America in an effort to adapt.

 기출 엿보기   for decades 수십 년간

per decade 10년마다

---

30 **monastery**

U.S. [mánəstèri]

U.K. [mɔ́nəstəri]

n. 수도원

The future of a Las Vegas golf course that plans to move next to the ruins of a **monastery** is in doubt.

Syn. abbey, convent, priory, cloister

---

26 소비자들은 더는 과일과 야채에 붙어 있는 짜증나는 작은 접착 스티커들을 신경 쓰지 않아도 될 것이다.

27 토요일 총회 전에 다양한 체험 워크숍이 그곳에서 열릴 예정이다.

28 새로운 수영복은 경기 중에 선수의 속도, 부력, 그리고 지구력을 향상시킨다고 한다.

29 10년간 GM은 적응하기 위한 노력으로 북미 전역에서 공장을 폐쇄하고 근로자들을 해고했다.

30 수도원의 옛터 옆으로 옮기기로 되어 있던 라스베이거스 골프장의 미래는 불투명하다.

week 1 ■ week 2 ■ **week 3** ■ week 4 ■

Check-up

Listen and fill in the blanks with the correct words. MP3

01 The release of the new HIV medication is _____ on the approval of the Federal Drug Administration.

02 The winner of the event will have _____ the most points over the full 40km race.

03 I was advised to take a _____ course before applying to the MBA program.

04 The _____ to the training guide briefly introduces the reader to the goals of the program.

05 Two members of the purchasing team will be _____ to attend next month's trade fair.

06 We are concerned about the survival of the honeybee because many plant species are _____ on them.

07 VantRent is running a workshop to help practitioners understand the components of a successful _____ campaign.

08 The government is _____ to introduce a tough new bill on credit cards that would limit interest rates.

09 The Chinese government considers the visit an insult, and they _____ there will be consequences.

10 A wide range of hands-on workshops will be held at the venue before Saturday's _____ session.

01 새로운 HIV 치료약의 보급은 연방 식품 의약품국(FDA)의 승인 여하에 달려 있다. 02 행사의 우승자는 40Km 경주에서 가장 높은 점수를 축적할 것이다. 03 나는 경영학 석사 프로그램에 지원하기 전에 준비 과정을 들으라고 조언받았다. 04 훈련 가이드의 서문은 독자에게 프로그램의 목적에 대해 간략하게 소개한다. 05 구매팀 중 두 명이 다음 달 있을 무역 박람회에 참가할 수 있게 선발될 것이다. 06 우리는 많은 식물 종이 꿀벌에게 의지하고 있기 때문에 꿀벌의 생존에 대해 걱정한다. 07 VantRent는 전문직 종사자들이 성공적인 홍보 활동의 요소들을 이해하는데 도움을 주기 위해 워크숍을 운영하고 있다. 08 정부는 금리를 제한할 신용 카드와 관련된 엄격한 새 법안을 도입할 준비가 되어 있다. 09 중국 정부는 그 방문을 모욕이라고 간주하고 그에 상응하는 결과가 있을 것이라는 의도를 넌지시 비추었다. 10 토요일 총회 전에 다양한 체험 워크숍이 그곳에서 열릴 예정이다.

Day 12

01 conglomerate
[U.S.] [kənglámərət/kəŋ-]
[U.K.] [kənglómərət]

n. 거대 복합 기업

conglomeritic
adj. 집성체의. (경제) 복합 기업의

The MacDonald **Conglomerate** is attempting to acquire a small manufacturing facility in China.

기출 엿보기   media conglomerate 언론 재벌

Syn   aggregate, combine, chain

---

02 precise
[U.S.] [prisáis]

adj. 정확한, 명확한

precision n. 정확
precisely adv. 정확하게

Financial accounting cannot always deliver definitive and **precise** answers regarding a company's success or failure.

기출 엿보기   works from a precise plan 정확한 계획에 따른 작품
give A a precise figure A에게 정확한 수치를 알려주다

Syn   exact, specific, accurate, explicit

---

03 expressly
[U.S.] [iksprésli]

adv. 명확히

express v. 명확히 표현하다
       adj. 명확한

The law would **expressly** allow users to make one copy per device owned, such as an MP3 player.

기출 엿보기   express interest in ~에 관심을 보이다

Syn   definitely, clearly, distinctly, explicitly

---

04 preside
[U.S.] [prizáid]

v. 주재하다, 통솔하다

president n. 사회자, 회장
presidency n. 회장직
presiding adj. 주재하는, 통솔하는

The vice president of operations will **preside** over the company's charity auction next week.

기출 엿보기   preside over ~을 주재하다

Syn   officiate, chair, moderate

---

01 맥도날드 사는 중국에 작은 제조 설비를 구입하려 한다.
02 재무 회계가 회사의 성공과 실패에 관해 언제나 확고하고 정확한 답변을 해줄 수 있는 것은 아니다.
03 법에 의하면 명백히 사용자들은 자신이 소유한 MP3 플레이어와 같은 장치 당 하나의 사본을 만들 수 있다.
04 운영 담당 부사장이 다음 주 회사 자선 경매를 주재할 것이다.

05 precipitation

[U.S.] [prisìpətéiʃən]

n. 강우량, 강수량

precipitate v. 응결시키다
　　　　　 촉진하다

Agricultural producers are hoping for high levels of **precipitation** this summer to booast crops.

기출 엿보기 　in precipitation patterns 강수 패턴 변화에서

[Syn.] rainfall, wetness

06 stagnant

[U.S.] [stǽgnənt]

adj. 고여 있는, 침체된

stagnate v. 침체시키다

One report suggests that wages for most workers have remained **stagnant** throughout the past five years.

기출 엿보기 　a stagnant pool 고여 있던 웅덩이

[Syn.] dormant, idle, immobile, inactive

07 urgently

[U.S.] [ə́ːrdʒəntli]

adv. 급히

urgent adj. 급한

New Zealand **urgently** needs a comprehensive national health plan, medical health experts warned last Wednesday.

기출 엿보기 　be urgently needed 시급히 필요하다
　　　　　 an urgent order 긴급 명령

[Syn.] earnestly, frantically, hastily

08 fasten

[U.S.] [fǽsn/fάːsn]

v. 묶다, 고정시키다

fast adj. 빠른
　　 adv. 빨리

Luckily for me a generous airport worker helped me **fasten** this awkward strap around my suitcase.

기출 엿보기 　be fastened to ~에 묶여 있다, 고정되어 있다
　　　　　 fasten the belt 벨트를 매다

[Syn.] tie, bind, tie up, fix

---

05 농업 생산자들은 농작물 생산량을 증가시키기 위해 이번 여름 많은 강수량을 바라고 있다.
06 한 보고서는 지난 5년간 근로자 대부분의 임금이 동결되었다고 밝힌다.
07 뉴질랜드는 종합적인 국가 건강 보험 제도가 필요하다고 의료 건강 전문가들이 지난 수요일 경고했다.
08 운 좋게도 마음씨 좋은 공항 직원이 내가 다루기 불편한 끈으로 짐을 고정시키는 것을 도와주었다.

09 sequel

U.S. [síːkwəl]

n. (영화·책 등의) 속편, 결과

The *Star Wars* franchise spawned some of the highest grossing **sequels** of all time.

기출 엿보기 sequel to ~의 속편, 결과

Syn. follow-up, continuation, development

10 reputable

U.S. [répjutəbəl]

adj. 평판이 좋은

repute v. ~라고 평하다
reputation n. 평판, 명성

Health officials are warning people to buy their snacks only from **reputable** street vendors after the E. coli outbreak.

기출 엿보기 reputable restaurants 평판이 좋은 식당
be reputed to + 동사원형 ~라고 알려져 있다

Syn. honorable, celebrated, conscientious

11 incident

U.S. [ínsədənt]

n. 우발적 사건
adj. 일어나기 쉬운, 흔히 있는

incidence n. (사건의) 발생, 출현
incidental adj. 우연한, 부수적인

The PR department apologized for the **incident** and called the board's decision a serious error in judgment.

기출 엿보기 small incident 아주 사소한 일
pentagon's stance on the incident
사태에 대한 국방성의 입장
incidental expenses 부대 비용

Syn. event, happening, occurrence, accident

12 instigate

U.S. [ínstəgèit]

v. 부추기다, 시작하다

instigation n. 부추김, 선동

The agency responsible for homeland security will **instigate** new measures to combat domestic terrorism.

기출 엿보기 instigate to + 동사원형 ~하도록 부추기다

Syn. impel, initiate, persuade

---

09 *Star Wars* 독점 판매권은 전례 없이 가장 높은 흥행 수익을 낸 속편들 중 일부를 탄생시켰다.
10 보건 당국 관계자들은 대장균 발생 이후 사람들에게 믿을 만한 노점상에서만 먹거리를 사라고 경고하고 있다.
11 홍보부는 그 사건에 대해 사과했고 이사회의 결정을 심각한 판단의 오류라고 했다.
12 국토 안보를 책임지는 기관은 국내 테러리즘과 싸울 새로운 대책을 선동할 것이다.

13 vital
U.S. [váitl]

adj. 매우 중요한

vitalize v. 활력을 북돋아주다

vitality n. 생명력, 활기

vitally adv. 치명적으로

Experts singled out education as a **vital** tool in bridging the gap between the rich and poor.

 vital for ~에 필요 불가결한
It is vital to ~하는 것이 필요하다

Syn. essential, significant, critical, crucial

14 monopolize
U.S. [mənápəlàiz/-nɔ́p-]
U.K. [monɔ́pəlàiz]

v. 독점하다

monopoly n. 독점

Police in New Hampshire arrested more than 20 people suspected of colluding to **monopolize** the city's tinted window business.

기출 엿보기 monopolize affection 사랑을 독점하다
have a virtual monopoly on ~을 사실상 독점하다

15 reliability
U.S. [rilàiəbíləti]

n. 신뢰성, 안정성

rely v. 의지하다, 신뢰하다

reliable adj. 신뢰할 수 있는

reliably adv. 확실하게

U.S. automakers have shown a significant improvement in **reliability**, but Japanese cars still dominate the field.

 in order to increase performance and reliability
성능과 안정성을 향상시키기 위해
be reliable 믿을 만하다

Syn. faithfulness, honesty, loyalty

16 doubtful
U.S. [dáutfəl]

adj. 의심이 되는

doubt n. 의심

It is highly **doubtful** that AbitibiBowater will reach an agreement with its union to save the paper mill.

기출 엿보기 doubtful about[of] ~을 의심스럽게 생각하는
make it doubtful that절 ~을 불투명하게 하다

Syn. unlikely, unclear, dubious, questionable

---

13 전문가들은 빈부 격차를 해소하는데 매우 중요한 도구로 교육을 뽑았다.
14 New Hampshire의 경찰은 그 시의 창문 착색 사업을 독점하기 위해 담합한 혐의로 20명 이상을 체포했다.
15 미국 자동차 회사들은 상당한 신뢰도 향상을 보여주었으나 일본 차가 여전히 업계를 지배하고 있다.
16 AbitibiBowater가 제지 공장을 살리기 위해 노조와 합의할 수 있을지 대단히 의심스럽다.

17 outpace
[U.S.] [àutpéis]

v. 앞지르다, 따라가 앞서다

Health care spending in the U.S. is expected to **outpace** inflation to reach $471.9 billion in 2008.

 outpace the record rate 사상 최고율을 기록하다

Syn. beat, excel, go beyond, outdo

18 incumbent
[U.S.] [inkʌ́mbənt]

adj. 현직의, 재직 중의

incumbence n. 현직, 재임 기간
incumbently adv. 재직 중(에)

Exit polls suggest that **incumbent** Susilo Bambang has a clear lead in Indonesia's presidential election.

the incumbent governor 현직 주지사

Syn. engaged, obliged, in charge

19 preserve
[U.S.] [prizə́:rv]

v. 보존하다, 보호하다

preservation n. 보호, 보존
preserved adj. 보존된

Our kitchen containers' "sure lock" system will **preserve** fruits and vegetables longer than ever.

 preserve profit margins 이익을 유지하다
preserve the taste and color of the fruit
과일의 맛과 색을 보존하다

Syn. maintain, sustain, keep up, conserve

20 facilitator
[U.S.] [fəsílətèitər]

n. 촉진자, 간사, 살림꾼

facilitate v. 촉진하다, 조장하다
facilitation n. 촉진, 조장

I see my role as that of a **facilitator**, enabling other people to work in the way that suits them best.

as facilitator of operations 운영을 순조롭게 하는 사람

Syn. arranger, coordinator, developer, promoter

21 lavish
[U.S.] [lǽviʃ]

adj. 호화스러운, 사치스러운

v. 아낌없이 주다, 낭비하다

Greece will open its long-awaited Acropolis Museum in Athens on Saturday evening with a **lavish** ceremony.

 lavish in ~에 아낌없는
lavish expenditure 낭비

Syn. grand, magnificent, splendid, abundant

---

17 미국의 의료비 지출은 물가 상승률을 앞질러 2008년 4천7백1십9억 달러에 도달할 것으로 예상된다.
18 출구 조사에서 현직에 있는 Susilo Banbang이 인도네시아 대통령 선거에서 명백한 우위에 있음이 나타났다.
19 우리 주방 용기의 튼튼한 잠금 장치는 과일과 야채를 훨씬 오래 유지해 줄 것이다.
20 나는 내 역할을 다른 사람들이 자신들에게 가장 잘 맞는 방식으로 일할 수 있도록 해주는 조력자로 간주한다.
21 그리스는 토요일 저녁 호화스러운 행사와 함께 아테네에 오래 기다려온 Acropolis 박물관을 개관할 것이다.

22 convene
U.S. [kənvíːn]

v. 소집하다,
(회의 · 모임 등이) 개최되다

Mr. Gramble wants the group to **convene** in Conference Room C at 9:00 a.m.

 convene an extraordinary congress session
임시 국회를 소집하다

Syn. call, summon, bring together

23 ambassador
U.S. [æmbǽsədər]

n. 대사, 특사

ambassadorial adj. 대사의, 사절의

The UNICEF **ambassador** will discuss his humanitarian work and share his memories of working with the people of Uganda.

 an ambassador to ~의 (주재) 대사[사절]
be appointed ambassador to ~의 대사로 임명되다

Syn. agent, deputy, emissary, envoy

24 molecular
U.S. [moulékjulər]

adj. 분자의, 분자로 된

molecularly adv. 분자에 의하여

Researchers have developed a **molecular** probe that lights up protein-destroying enzymes that exist in cancer cells.

 molecular force 분자력
molecular structure 분자 구조

25 relinquish
U.S. [rilíŋkwiʃ]

v. 포기하다, 양도하다

relinquishment n. 포기, 단념

Begrudgingly, the father finally **relinquished** control of the family-owned business to his eldest son.

Syn. abandon, abdicate, discard, quit

26 blizzard
U.S. [blízərd]

n. 눈보라

A **blizzard** that cancelled Christmas travel plans and cut power to parts of the city ended Friday.

 a blizzard of phone calls 전화 쇄도
raging blizzards 맹렬한 눈보라

Syn. blast, tempest, snowfall

---

22 Gramble 씨는 그 그룹을 오전 9시에 회의실 C에 소집하기를 원한다.
23 UNICEF 대사는 그의 인도적 사업에 대해 토의하고 우간다 사람들과 일한 기억을 공유할 것이다.
24 연구자들은 암세포에 존재하는 단백질 파괴 효소를 밝혀주는 분자 탐침을 개발했다.
25 마지못해, 그 아버지는 마침내 가업의 경영권을 큰 아들에게 양도했다.
26 크리스마스 여행 계획을 취소하고 도시 일부에 정전을 일으켰던 눈보라가 금요일에 그쳤다.

27 prepaid
U.S. [pri:péid]

adj. 선불의, 이미 치른

prepay v. 선불하다
prepayment n. 선불, 선납

One of the fastest-growing and most lucrative areas of banking is **prepaid** credit cards.

 기출 엿보기
freight prepaid 운임 선불
a prepaid envelope 우편 요금이 선납된 봉투

---

28 collision
U.S. [kəlíʒən]

n. 충돌, 격돌

collide v. 충돌하다
collisional adj. 충돌의

Two women and an elderly passenger were sent to hospital Sunday following a head-on **collision** on Interstate 90.

기출 엿보기
be in collision with ~와 충돌하다
come into collision (with) (~와) 충돌하다

Syn crash, destruction, encounter

---

29 inquiry
U.S. [inkwáiəri]

n. 질문, 문의, 조사

inquire v. 묻다

Have you been making **inquiries** on Mr. Lewis' behalf into the cost of a round-the-world ticket?

 기출 엿보기
inquiry into ~에 대한 조사
make an inquire 문의하다
inquire abcut ~에 대해 문의하다

Syn research, investigation, analysis, inspection

---

30 nuisance
U.S. [njú:səns]

n. 골칫거리, 귀찮은 일

This was really a **nuisance** we didn't need, and I'm glad it's resolved, said the mayor's aid.

기출 엿보기
cause [create] a nuisance 폐를 끼치다
a nuisance to ~에 대한 폐

Syn pest, annoyance, trouble, burden

---

27 가장 빠르게 성장하고 가장 돈이 되는 금융 분야 중 하나는 선불 신용 카드이다.
28 일요일에 90번 고속도로에서 일어난 정면 충돌 사고로 두 여성과 한 노인 승객이 병원으로 이송되었다.
29 Lewis 씨를 대신해 세계 일주 티켓의 비용을 알아보고 계신 건가요?
30 이것은 우리에게 정말로 필요 없는 골칫거리였고 해결되어 기쁘다고 시장의 보좌관은 말했다.

Check-up

🎧 Listen and fill in the blanks with the correct words. ◎ MP3

01 Financial accounting cannot always deliver definitive and _____ answers regarding a company's success or failure.

02 The vice president of operations will _____ over the company's charity auction next week.

03 One report suggests that wages for most workers have remained _____ throughout the past five years.

04 The *Star Wars* franchise spawned some of the highest grossing _____ of all-time.

05 The PR department apologized for the _____ and called the board's decision a serious error in judgment.

06 Police in New Hampshire arrested more than 20 people suspected of colluding to _____ the city's tinted window business.

07 Health care spending in the U.S. is expected to _____ inflation to reach $471.9 billion in 2008.

08 Exit polls suggest that _____ Susilo Bambang has a clear lead in Indonesia's presidential election.

09 Mr. Gramble wants the group to _____ in conference room C at 9:00 a.m.

10 Two women and an elderly passenger were sent to hospital Sunday following a head-on _____ on Interstate 90.

---

01 재무 회계가 회사의 성공과 실패에 관해 언제나 확고하고 정확한 답변을 해줄 수 있는 것은 아니다. 02 운영 담당 부사장이 다음 주 회사 자선 경매를 주재할 것이다. 03 한 보고서는 지난 5년간 근로자 대부분의 임금이 동결되었다고 밝힌다. 04 *Star Wars*의 독점 판매권은 전례 없이 가장 높은 흥행 수익을 낸 속편들 중 일부를 탄생시켰다. 05 홍보부는 그 사건에 대해 사과했고 이사회의 결정을 심각한 판단의 오류라고 했다. 06 New Hampshire의 경찰은 그 시의 창문 착색 사업을 독점하기 위해 담합한 혐의로 20명 이상을 체포했다. 07 미국의 의료비 지출은 물가 상승률을 앞질러 2008년 4천7백1십9억 달러에 도달할 것으로 예상된다. 08 출구 조사에서 현직에 있는 Susilo Banbang이 인도네시아 대통령 선거에서 명백한 우위에 있음이 나타났다. 09 Gramble 씨는 그 그룹을 오전 9시에 회의실 C에 소집하기를 원한다. 10 일요일에 90번 고속도로에서 일어난 정면 충돌 사고로 두 여성과 한 노인 승객이 병원으로 이송되었다.

 MP3

01 congress
U.S. [káŋgris]
U.K [kɔ́ŋgris]

n. 의회, 회합

congressional adj. 국회의, 의회의
congressman n. 국회 의원

Mr. Gould was narrowly elected to **Congress** following yesterday's by-election in Madison County.

 Syn. legislature, council, parliament

02 preferential
U.S. [prèfərénʃəl]

adj. 우선의, 선택적인

prefer v. ~을 더 좋아하다
preference n. 편애, 선호

The proposed free trade agreement includes **preferential** tariff rates for any country that agrees to sign the pact.

기출 엿보기 on the preferential basis 우선적으로
be given preferential treatment 우대를 받다

Syn. favorite, preferred, special

03 renovated
U.S. [rénəvèitid]

adj. 보수된

renovate v. 개조하다
renovation n. 수리, 수선

The newly **renovated** Muttart Conservatory in Sydney reopened Friday, and a party was held to mark the occasion.

기출 엿보기 renovated infrastructure for training 혁신된 교육기반시설
close for renovation 수리를 위해 휴업하다

Syn. restored, repaired, refurbished

04 rotate
U.S. [róuteit]

v. 순환하다, 교대하다

rotation n. 회전, 순환, 교대
rotary adj. 회전하는
rotative adj. 회전 운동을 일으키는

The navigation systems found in modern automobiles rely on GPS satellites which slowly **rotate** the earth.

기출 엿보기 rotate around ~주위를 순환하다, 회전하다

Syn. revolve, spin, reel, go round

---

01 Gould 씨는 어제 Madison County에서 열린 보궐 선거에서 국회의원으로 선출되었다.
02 제안된 자유 무역 협정에는 협정에 서명하기로 동의한 모든 국가에 대한 우대 관세율이 포함되어 있다.
03 새로 단장한 시드니 Muttart 온실은 금요일 다시 문을 열었고 이를 기념하는 파티가 열렸다.
04 요즘 자동차에서 찾아볼 수 있는 네비게이션 장치는 지구를 천천히 회전하는 GPS 위성에 의지한다.

05 predecessor

[U.S.] [prédisèsər]
[U.K] [prí:disèsər]

n. 전임자

My distinguished **predecessor**, Harvey Malika, taught me everything I know about the advertising industry.

기출 엿보기 🔍 improvement in its predecessors 이전 것에 비한 진보

Syn. previous job holder, forerunner, antecedent

06 stipulate

[U.S.] [stípjulèit]

v. (계약에 따라) 명문화하다

stipulation n. 조건, 조항

The contract **stipulates** that your payment must be made before the first of each month.

기출 엿보기 🔍 stipulate that절 ~라는 규정이 있다

Syn. specify, agree, require, contract

07 distantly

[U.S.] [dístuntli]

adv. 멀리

distant adj. 먼

Genealogical researchers have discovered that he is **distantly** related to the current U.S. president, Barak Obama.

기출 엿보기 🔍 be treated distantly by one's friend 친구에게 소외되다

Syn. far away

08 trade

[U.S.] [treid]

v. 매매하다

trading adj. 상업에 종사하는

The company's shares will continue to **trade** on the open market until the regulatory body concludes its investigation.

기출 엿보기 🔍 trade in 교환하다
trade for ~에 거래되다
trade with ~와 교환하다
trade A for B A를 B와 바꾸다

Syn. commerce, business, transact

---

05 훌륭한 전임자인 Harvey Malika 씨는 광고 산업에 대해 내가 아는 모든 것을 가르쳐 주었다.
06 계약서에는 지급이 매달 1일 전에 이루어져야 한다고 명시되어 있습니다.
07 계보 연구자들은 그가 현 미국 대통령인 Barak Obama와 먼 친척관계라는 것을 밝혀냈다.
08 규제 기구가 조사를 마무리할 때까지 그 회사의 주식은 공개 시장에서 계속 거래될 것이다.

09 **speculation**
[spèkjuléiʃən]

n. 추측, 예측

speculate v. 숙고하다, 추측하다
speculator n. 투기꾼

Continued **speculation** about the fate of Yellow Inc. has prompted shareholders to begin selling their stocks.

 기출 엿보기
speculation on [in] ~에 투기하다
widespread speculation 널리 퍼져 있는 추측

Syn. hypothesis, meditation, opinion

10 **valuable**
U.S. [væljuːəbəl/-ljəbəl]

adj. 소중한, 가치 있는
n. (pl.) 귀중품

value n. 가치, 가격, 대가
v. 평가하다

Although a **valuable** employee with much to offer, Mr. Lyons has requested a severance package that exceeds our budget.

 기출 엿보기
valuable for [to] ~을 위해 가치 있는[~에게 가치 있는]
valuable information 유익한 정보
keep valuables in the safe 귀중품을 금고에 보관하다

Syn. useful, profitable, worthwhile, beneficial

11 **appraise**
U.S. [əpréiz]

v. 평가하다, 어림잡다

appraisal n. 평가, 감정, 견적

Attorneys handling the estate of Mr. Jackson announced plans are in place to **appraise** the belongings of the late singer.

 기출 엿보기
appraise at ~라 평가하다
appraise property for taxation 과세를 위해 재산을 평가하다

Syn. evaluate, assess, examine, figure

12 **loss**
U.S. [lɔ(ː)s/lɑs]

n. 손실

lose v. 잃다, 지다

WestJet said Friday it is splitting into two businesses as it reported a fourth-quarter net **loss** of $3.29 billion US.

 기출 엿보기
cut one's loss(es) ~의 손실을 줄이다
at a loss 어쩔 줄 몰라서

Syn. losing, waste, forfeiture

---

09 Yellow 사의 운명에 대한 계속된 예측은 주주들을 자극하여 그들은 주식을 팔기 시작했다.
10 Lyons 씨는 회사에 기여할 수 있는 소중한 직원이지만 예산을 초과하는 퇴직금을 요구했다.
11 Jackson 씨의 재산을 담당하고 있는 변호사들은 그 사망한 가수의 재산을 평가하기 위한 계획이 준비되었다고 발표했다.
12 WestJet은 금요일에 4분기에 32억 9천만 달러의 순 손실을 기록함에 따라 두 개의 사업으로 분리할 것이라고 말했다.

13 custodial

u.s. [kʌstóudiəl]

adj. 관리의, 보호의

custody n. 보관, 관리

The Prime Minister says that he supports **custodial** management, which would see the federal government extend its jurisdiction.

기출 엿보기 custodial parents 보호자

Syn. guarding, securing

14 penalize

u.s. [píːnəlàiz/pén-]

v. 불리하게 하다, 벌칙을 부과하다

penalization n. 벌칙 부과, 유죄 선고

The new standard rate on water consumption may **penalize** some businesses and homeowners unfairly.

기출 엿보기 penalize for ~의 이유로 벌하다
penalize construction companies 건설업체를 처벌하다

Syn. condemn, discipline

15 archive

u.s. [áːrkaiv]

n. 기록 보관소

There is a large **archive** of old, classified documents in the basement that need to be shredded.

기출 엿보기 archives room 자료실

Syn. record office, museum, registry, repository

16 impoverished

u.s. [impávəriʃt/-póv-]

adj. 가난한, 피폐해진

impoverishment n. 피폐, 가난함

Unsustainable farming methods and years of drought have **impoverished** the soil to the point where nothing grows.

기출 엿보기 an impoverished region 가난한 지역

Syn. bankrupt, barren, depleted

---

13 총리는 보호 관리 경영를 지지한다고 말했고 이로 인해 연방 정부가 관할권을 확대할 것으로 보인다.
14 물 소비에 대한 새로운 표준 요금은 일부 사업체와 주택 소유자에게 불리하게 적용될 수도 있다.
15 지하실에 폐기해야 할 오래된 기밀 문서들이 보관된 대규모 자료실이 있다.
16 지속할 수 없는 농법과 수년간의 가뭄으로 토양은 아무것도 자랄 수 없는 지경으로 메말랐다.

17 retrieve
[U.S.] [ritríːv]

v. 되찾다, 회수하다,
(정보를) 검색하다

retrievable adj. 회복할 수 있는
retrievability n. 회복력, 복구 가능성

It may not be possible to **retrieve** all the data from the damaged hard drive.

 기출 엿보기
retrieve from ~로부터 검색하다
beyond retrieve 회복할 가망이 없는

[Syn] regain, recover, restore, recapture

18 astute
[U.S.] [əstʃúːt]

adj. 통찰력이 날카로운, 예리한

astutely adv. 빈틈없이

Miss Kerry is an **astute** investor and businessperson, and we are pleased that she has agreed to join our organization.

기출 엿보기
an astute analysis 예리한 분석

[Syn] intelligent, clever, subtle, perceptive

19 exert
[U.S.] [igzə́ːrt]

v. 행사하다, 발휘하다

exertion n. 분발, (권력의) 행사

Mr. Plumber said that he would **exert** his influence to help my sister get a job.

 기출 엿보기
exert considerable influence 상당한 영향을 미치다
exert pressure on ~에 압력을 행사하다

[Syn] apply, exercise, endeavor, employ

20 dealership
[U.S.] [díːlərʃìp]

n. 대리점, 상품 판매권

The **dealership** was fined after selling four vehicles that had previously been used as daily rentals.

기출 엿보기
automobile dealership 자동차 판매 대리업

21 abrasive
[U.S.] [əbréisiv/-ziv]

adj. 마찰을 일으키는
n. 연마제

abrasion n. 마멸, 침식 작용
abrasively adv. 마찰을 일으켜

While an **abrasive** cleaner might help you remove stubborn rings, it will surely scratch the surface of your tub.

기출 엿보기
abrasive cleanser 연마 세척제
corrosion and abrasion 침식과 부식

[Syn] erosive, grinding, scratching

---

17 손상된 하드 드라이브에서 모든 데이터를 복구하는 것은 불가능할지 모른다.
18 Kerry 씨는 예리한 투자가이자 사업가이며 우리는 그녀가 우리 단체에 합류하기로 동의한 것을 기쁘게 생각합니다.
19 Plumber 씨는 내 여동생의 취업을 돕기 위해 힘을 써보겠다고 말했다.
20 그 판매점은 전에 일일 임대물로 사용되었던 차 4대를 판매하여 벌금을 물었다.
21 연마 세척제를 쓰면 잘 녹지 않는 때막을 제거하는 데 도움이 될지 모르지만 분명히 욕조 표면에 긁힌 자국이 남을 것이다.

22 convert

U.S. [kənvə́ːrt]

v. 전환하다, 변환하다

conversion n. 개조, 전환

Our initial plan to **convert** fuel-based engines into electric hybrids is not feasible.

기출
엿보기 🔍 convert A into B A를 B로 전환하다
convert from A to B A에서 B로 바꾸다

Syn. change, turn, transform, alter

23 remuneration

U.S. [rimjùːnəréiʃən]

n. 보수, 보상, 급료

remunerate v. ~에 보답하다

In return for some caretaking duties, we are offering a free apartment and a small **remuneration**.

기출
엿보기 🔍 remuneration for ~에 대한 보수
offer remuneration 보수를 지급하다

Syn. reward, pay

24 inclusive

U.S. [inklúːsiv]

adj. 포함한, 포괄적인

include v. ~을 포함하다, 함유하다

The lease on this rental property is $1,700 a month **inclusive** of utilities, but minus internet charges.

기출
엿보기 🔍 all-inclusive service 모든 것이 포함된 서비스
inclusive of ~을 포함하여

Syn. comprehensive, overall, whole

25 steer

U.S. [stiər]

v. 조종하다

steerage n. 조종

Despite the captain's best efforts to **steer** the ship away from the approaching vessel, he could not avoid a collision.

기출
엿보기 🔍 steer by [past] ~의 곁을 지나가다, 피하다
steer one's way to ~으로 나아가다, 향하다

Syn. guide, navigate, drive, pilot

26 donor

U.S. [dóunər]

n. 기증자, 기부자

donate v. 기부하다
donation n. 기증, 기부

The trouble people have getting an organ transplant from a liver **donor** is terribly upsetting.

기출
엿보기 🔍 an anonymous donor 익명의 기부자

Syn. giver, donator, contributor

---

22 연료 기반 엔진을 전기 하이브리드로 전환하려는 우리의 초기 계획은 가능할 것 같지 않다.
23 관리 업무를 해주시면, 무료 아파트와 약간의 보수를 제공해 드립니다.
24 이 임대용 부동산의 임대료는 공공 서비스 요금을 포함하여 한 달에 1,700달러이나 인터넷 요금은 포함되지 않는다.
25 다가오는 함선으로부터 멀어지도록 배를 조정하려는 선장의 최선의 노력에도 불구하고 그는 충돌을 피할 수 없었다.
26 간 기증자에게 장기 이식을 받는 데 어려움을 겪는 사람들은 굉장히 속상해하고 있다.

27 private
[U.S.] [práivit]

adj. 개인적인, 사설의

privacy n. 사생활, 비밀

Questions are being raised about the process used to hire thousands of **private** security guards.

기출 엿보기
in private 비공식으로
private property 사유 재산

Syn. individual, personal, particular, exclusive

28 prestige
[U.S.] [prestí:dʒ/préstidʒ]

n. 명성, 위신

prestigeful adj. 명성이 있는

prestigious adj. 고급의, 일류의

There used to be a thing called a **prestige** accent that would help you get hired for a good job.

기출 엿보기
damage one's prestige ~의 위상을 손상시키다
enhance the prestige of ~의 신망을 높이다

Syn. reputation, fame, esteem, renown

29 party
[U.S.] [pá:rti]

n. 일행, 당

An information session for all interested **parties** will be held on November 10 at the convention center downtown.

기출 엿보기
the interested parties 이해 관계자
the parties concerned 당사자, 관계자
a minority [majority] party 소수당[다수당]

Syn. group, team, unit, squad

30 retrospective
[U.S.] [rètrəspéktiv]

n. (화가 등의) 회고전
adj. 회고하는, 소급하는

retrospectively adv. 회고적으로, 추억에 잠겨

A **retrospective** on Christopher Pratt, one of Ireland's foremost realist painters, has begun a tour of the U.S.

기출 엿보기
first annual retrospective 첫 번째 연례 회고전
a retrospective pay award 소급 적용되는 임금 지급

Syn. reflective, recollective, contemplative

---

27 수천 명의 사설 경호원을 고용한 절차에 대한 의문이 제기되고 있다.
28 좋은 직장에 취업하는데 도움이 되는 '고급' 억양이라 불리는 것이 있었다.
29 관심 있는 모든 사람을 위한 정보 회의가 시내 컨벤션 센터에서 11월 10일에 열릴 것이다.
30 아일랜드 최고 현실주의 화가 중 한 사람인 Christopher Pratt에 대한 회고전이 미국 투어를 시작했다.

Check-up

🎧 Listen and fill in the blanks with the correct words. 🔘MP3

01 The proposed free trade agreement includes _____ tariff rates for any country that agrees to sign the pact.

02 My distinguished _____, Harvey Malika, taught me everything I know about the advertising industry.

03 Continued _____ about the fate of Yellow Inc. has prompted shareholders to begin selling their stocks.

04 Attorneys handling the estate of Mr. Jackson announced plans are in place to _____ the belongings of the late singer.

05 The new standard rate on water consumption may _____ some businesses and homeowners unfairly.

06 It may not be possible to _____ all the data from the damaged hard drive.

07 Our initial plan to _____ fuel based engines into electric hybrids is not feasible.

08 The lease on this rental property is $1,700 a month _____ of utilities, but minus internet charges.

09 Questions are being raised about the process used to hire thousands of _____ security guards.

10 A _____ on Christopher Pratt, one of Ireland's foremost realist painters, has begun a tour of the U.S.

---

01 제안된 자유 무역 협정에는 협정에 서명하기로 동의한 모든 국가에 대한 우대 관세율이 포함되어 있다. 02 훌륭한 전임자인 Harvey Malika 씨는 광고 산업에 대해 내가 아는 모든 것을 가르쳐 주었다. 03 Yellow 사의 운명에 대한 계속된 예측은 주주들을 자극하여 그들은 주식을 팔기 시작했다. 04 Jackson 씨의 재산을 담당하고 있는 변호사들은 그 사망한 가수의 재산을 평가하기 위한 계획이 준비되었다고 발표했다. 05 물 소비에 대한 새로운 표준 요금은 일부 사업체와 주택 소유자에게 불리하게 적용될 수도 있다. 06 손상된 하드 드라이브에서 모든 데이터를 복구하는 것은 불가능할지 모른다. 07 연료 기반 엔진을 전기 하이브리드로 전환하려는 우리의 초기 계획은 가능할 것 같지 않다. 08 이 임대용 부동산의 임대료는 공공 서비스 요금을 포함하여 한 달에 1,700달러이나 인터넷 요금은 포함되지 않는다. 09 수천 명의 사설 경호원을 고용한 절차에 대한 의문이 제기되고 있다. 10 아일랜드 최고 현실주의 화가들 중 한 사람인 Christopher Pratt에 대한 회고전이 미국 투어를 시작했다.

Day 14

---

01 consensus

U.S. [kənsénsəs]

n. (의견 등의) 일치, 합의, 여론

An external mediator has been hired to help the board of directors reach a **consensus** on policy reform.

기출 엿보기
reach a consensus 합의에 도달하다
general consensus 일반적인 여론

Syn. agreement, unanimity, unity

---

02 cordial

U.S. [kɔ́:rdʒəl]
U.K. [kɔ́:rdiəl]

adj. 진심의, 우호적인

cordially adv. 진심으로

I sincerely hope that my relationship with Jeffery will remain **cordial** despite our disagreement.

기출 엿보기
a cordial relationship 우호적인 관계

Syn. friendly, affable, affectionate

---

03 instructional

U.S. [instrʌ́kʃənəl]

adj. 교육상의

instruct v. 가르치다, 지시하다
instruction n. 교육, 교훈

It is first necessary to collect information regarding the length of the school's **instructional** cycle.

기출 엿보기
an instructional computer program 교육용 컴퓨터 프로그램
instruct A to + 동사원형 A에게 ~하라고 지시하다

Syn. pedagogical, educational

---

04 relocate

U.S. [ri:lóukeit]

v. 이전시키다

relocation n. 재배치

Despite repeated pleas from some residents, there are no plans to **relocate** homeowners while the toxic spill is cleaned up.

기출 엿보기
relocate to [in] ~로 이전하다, 이사하다

Syn. dislocate, remove, shift, transfer

---

01 이사회가 정책 개혁에 대한 합의에 이를 수 있도록 도움을 주기 위해 외부 중재자가 고용되었다.
02 서로 의견은 다르지만 Jeffery와 우호적인 관계가 지속되기를 진심으로 바란다.
03 학교 교육 주기의 길이에 관한 정보를 수집하는 것이 가장 먼저 필요하다.
04 몇몇 주민들의 거듭된 탄원에도 불구하고 유출된 유독 물질을 제거하는 동안 주택 소유자들을 이전시킬 계획은 없다.

05 premise

[U.S.] [prémis]

n. (pl.) 점포, 토지
(~이라는) 전제

The **premises** are monitored by security cameras and a closed-circuit television system.

 on the premises 점포 내에서
plausible premises and a conclusion 그럴듯한 전제와 결론

[Syn.] establishment, fix, flat, office

06 preliminary

[U.S.] [prilímənèri/-nəri]

adj. 예비적인, 임시의
n. 사전 준비

Suntech has announced it is engaged in **preliminary** merger discussions with an oil and gas exploration company.

 preliminary to ~에 앞서, ~의 준비 단계
preliminary interview 사전 인터뷰
preliminary work on the case 그 건에 대한 준비 작업

[Syn.] trial, prior, introductory

07 regularly

[U.S.] [régjulərli]

adv. 정기적으로, 통례적으로

regular adj. 정기적인, 규칙적인
regulatory adj. 규정하는, 단속하는

We are petitioning to have a pedestrian crosswalk installed because accidents **regularly** occur at this intersection.

 eat right and exercise regularly
알맞게 먹고 규칙적으로 운동하다
regularly posted rate 정상 가격

[Syn.] frequently, habitually, ordinarily, routinely

08 numerate

[U.S.] [njú:mərèit]

v. 세다, 열거하다

numeral n. 숫자 adj. 수의
numerous adj. 수많은
numerously adv. 많이

MBA graduates are literate, **numerate**, and have outstanding IT skills that are on the cutting edge.

in numerals 숫자로
numerous patent holders 수많은 특허권자들
change A numerously A를 자주 바꾸다

[Syn.] calculate, count, measure, enumerate

---

05 그 점포는 보안 카메라와 폐쇄 회로 텔레비전 시스템으로 감시한다.
06 Suntech는 석유 및 가스 탐사 회사와 사전 합병 논의에 참여하고 있다고 발표했다.
07 우리는 이 교차로에서 사고가 정기적으로 발생하기 때문에 횡단보도를 설치해 달라고 청원하고 있다.
08 MBA 졸업자들은 교양 있고 수리적 지식이 있으며 최첨단의 뛰어난 IT 기술을 보유하고 있다.

09 stimulus
U.S. [stímjələs]

n. 자극, 격려

stimulation n. 자극, 격려
stimulating adj. 자극하는

The government has approved a **stimulus** package to help improve the struggling construction industry.

 기출 엿보기   give a stimulus to ~에게 자극을 주다

Syn. incentive, spur, encouragement

10 contemporary
U.S. [kəntémpərèri/-pərəri]

adj. 현대의, 그 당시의

In his latest book, Michael Newman explores the brave new world of **contemporary** art as investment.

 기출 엿보기   contemporary with ~와 동시대의

Syn. modern, up-to-date, recent, latest

11 strategize
U.S. [strǽtədʒàiz]

v. 전략을 세우다

strategy n. 전략, 계획
strategist n. 전략가
strategic(al) adj. 전략적인

Union leaders representing the new group of workers met Monday night in some regions to **strategize**.

 기출 엿보기   strategize how to approach this problem
이 문제에 접근할 전략을 세우다
provide strategic solution 전략적 해결책을 제공하다
reflect the current marketing strategy
현재 시장 전략을 반영하다

Syn. contrive, devise, execute

12 ceremony
U.S. [sérəmòuni]
U.K. [sérəməni]

n. 의식

ceremonial adj. 의식의
ceremonious adj. 형식적인

Team Germany marched into Beijing's National Stadium during the parade of nations at the Olympics opening **ceremony**.

기출 엿보기   a welcoming ceremony 환영회
a closing [an opening] ceremony 폐회식[개회식]
conduct [hold, perform] ceremony 의식을 거행하다

Syn. ritual, rite, observance, commemoration

---

09 정부는 고전하고 있는 건설 산업을 개선하는 데 도움을 줄 부양책을 승인했다.
10 Michael Newman의 최근 책에서 그는 투자로서 현대 예술의 멋진 신세계를 탐구한다.
11 새로운 근로자 단체를 대표하는 노조 대표들은 전략을 세우기 위해 어떤 지역에서 월요일 밤 만났다.
12 올림픽 개회식 국가 퍼레이드에서 독일 팀이 베이징 국립 경기장으로 입장했다.

13 **absent**
〔U.S.〕 [ǽbsənt]

adj. 결석한

absence n. 결석, 결여

The proposed plan provides income protection to an employee **absent** due to illness or injury.

기출 엿보기
absent from work 결근한
absent oneself from ~에 결석하다, 결근하다

Syn. missing, unavailable, nonexistent

14 **propel**
〔U.S.〕 [prəpél]

v. 가속화하다, 재촉하다

propulsion n. 추진, 추진력
propulsive adj. 추진력 있는, 추진하는

Precious metals **propelled** mutual funds higher in September for the fifth straight month in a row.

기출 엿보기
propelling power 추진력

Syn. drive, force, shoot, push

15 **association**
〔U.S.〕 [əsòusiéiʃən]

n. 협회, 연합, 교제

associate v. ~을 관련지어 생각하다, 연상하다
n. 제휴자, 동업자

The president of the New York **Association** of Fire Chiefs has asked the state government for more funding.

기출 엿보기
in association with ~와 공동으로, ~와 관련하여
a close association 긴밀한 관계

Syn. group, society, band, collection

16 **accommodating**
〔U.S.〕 [əkámədèitiŋ/əkɔ́m-]

adj. 상대하기 쉬운, 친절한

accommodate
v. (건물 등이) ~을 수용하다

accommodation n. 숙박 시설

accommodatingly
adv. 융통성 있게

Most hotels and motels are now quite **accommodating** about changing reservations at the last minute.

기출 엿보기
accommodating with A A에게 친절한
accommodate up to 300 people 300명을 수용하다

Syn. considerate, friendly, generous

---

13 제안된 법안은 질병이나 상해로 인한 직원의 결근에 대해 소득 보호를 제공해준다.
14 귀금속은 9월에 5개월 연속 뮤추얼 펀드 상승을 가속화했다.
15 Fire Chiefs의 뉴욕 협회 회장은 주 정부에 더 많은 기금을 요청했다.
16 요즘 대부분의 호텔과 모텔은 마지막 순간에 예약을 변경하는 것을 꽤 쉽게 해준다.

17 resign

U.S. [rizáin]

v. 사임하다

resignation n. 사직, 사직서

Two London police officers will **resign** over allegations of "inappropriate behavior."

기출 엿보기
resign one's seat [job, position] 사직하다
resign from the Cabinet 내각을 사퇴하다

Syn. quit, leave, retire

18 argumentative

U.S. [à:rgjuméntətiv]
U.K. [à:gjuméntətiv]

adj. 논쟁을 좋아하는

argue v. 논의하다, 주장하다
argument n. 논의, 말다툼
argumentation n. 논증, 논쟁

Joan noticed dramatic changes in her personality after giving up smoking—she had become intolerant, **argumentative**, and emotional.

기출 엿보기
be argumentative with A A와 논쟁하다
argue about ~에 대해 논쟁하다

Syn. belligerent, combative, contentious, contrary

19 prevail

U.S. [privéil]

v. 널리 퍼지다, 압도하다

prevailing adj. 우세한, 유력한
prevalence n. 유행, 보급

Negotiations **prevailed** between Global Enterprises and the worker's union despite obvious animosity toward each other.

기출 엿보기
prevail over [against] ~을 이기다, 우세를 차지하다

Syn. win, succeed, triumph, overcome

20 conception

U.S. [kənsépʃən]

n. 개념, 관념

concept n. 개념, 관념

The district manager clearly has no **conception** of how a successful franchise should be run.

기출 엿보기
have different conceptions 다르게 생각하다

Syn. cognition, conceit, concept, perception

---

17 '부적절한 행위'라는 혐의로 두 명의 런던 경찰관이 사직할 것이다.
18 Joan은 금연을 하고 난 후 자신의 성격에 엄청난 변화가 있음을 알아챘다. 그녀는 참을성이 없어졌고 논쟁을 좋아하게 되었으며 감정적이 되었다.
19 서로 분명히 증오했지만 Global 사와 노동 조합 사이에 협상은 활발히 진행되었다.
20 그 지역 관리자는 성공한 프랜차이즈가 어떻게 운영되어야 하는지에 대해 전혀 개념이 없다.

21 cramped
[U.S.] [kræmpt]

adj. 비좁은, 답답한

The examination room is tiny and **cramped**, and people waiting for help can hear doctors talking to patients.

기출 엿보기 cramped for ~하기에 비좁은
cramped, uncomfortable conditions 비좁고 불편한 상황

[Syn.] awkward, close, crowded, confined

22 cultivate
[U.S.] [kʌ́ltəvèit]

v. 양성하다, 경작하다

cultivation n. 양성, 우호 증진
cultivated adj. 교양 있는, 경작된

I believe that we have **cultivated** the most innovative young minds in the industry.

기출 엿보기 cultivate various crops 다양한 곡물을 경작하다

[Syn.] educate, foster, instruct, teach

23 compilation
[U.S.] [kàmpəléiʃən/kɔ́m-]

n. 편집, 편집물

compile v. 편찬하다, 편집하다

It's more than just a time capsule, this **compilation** is often called one of jazz's finest.

기출 엿보기 do[make] a compilation 편집하다, 편찬하다

[Syn.] collection, accumulation, assortment

24 outlying
[U.S.] [áutlài ŋ]

adj. 외곽의, 중심에서 떨어진

Newark Transit wants to expand its service to the **outlying** areas of Trenton, but we've got to face financial realities.

기출 엿보기 outlying areas[districts] 외진 지역[구역]

[Syn.] afar, distant, external

25 triple
[U.S.] [trípəl]

v. 3배가 되다, 3배로 하다

triply adv. 3중으로, 3배로
triplicate v. ~을 3배로 하다

Referrals for organ donations in the state have **tripled** since the introduction of new death-reporting rules in March.

기출 엿보기 triple-digit inflation 세 자리 수 인플레이션

[Syn.] three times

---

21 검사실은 작고 비좁으며 의사가 환자들과 대화하는 내용이 기다리는 사람들에게 다 들린다.
22 나는 우리가 업계에서 가장 혁신적이고 젊은 정신을 양성해왔다고 믿는다.
23 재즈의 걸작 중 하나로 종종 불리는 이 편집 음반은 타임 캡슐 그 이상이다.
24 Newark 운송은 서비스를 Trenton 외곽 지역으로 확대하고 싶지만 재정 현실을 직시해야 한다.
25 그 주에서 장기 기증을 위한 상담이 3월 새로운 사망 보고 규정의 도입 이후 3배가 되었다.

26 pioneer

U.S. [pàiəníər]

n. 개척자
v. 개척하다, 선구자가 되다

Mr. Jacobson is considered a **pioneer** of the literary style of reporting known as new journalism.

기출 엿보기
pioneer spirit 개척자 정신
architectural pioneers 건축학의 선구자

Syn. settler, colonist, colonizer, explorer

27 punitive

U.S. [pjúːnətiv]

adj. 형벌의, 징벌의

The U.S. Supreme Court has cut a **punitive** damages award in the worst oil spill in U.S. history by one-third.

기출 엿보기
punitive damages 처벌적 손해 배상금
punitive justice 인과 응보

Syn. penal, punitory, retaliatory

28 proxy

U.S. [práksi]
U.K. [prɔ́ksi]

n. 대리, 위임, 대리인

Australia's biggest publicly traded iron ore company saw its sales shrink as it absorbed the costs of a **proxy** fight.

기출 엿보기
vote by proxy 대리로 투표하다
get one's proxy ~을 대신할 위임권을 갖다

Syn. representative, agent, deputy

29 artifact

U.S. [áːrtəfæ̀kt]

n. 공예품

An ancient **artifact** was damaged on its way to New York's Museum of Natural Sciences.

기출 엿보기
artifacts indicating that절 ~임을 보여주는 유물들

Syn. handiwork, craft, craftship

30 mediator

U.S. [míːdièitər]

n. 중재인, 조정자

mediate v. 조정하다, 중재하다
mediately adv. 간접적으로

The board is looking at cancelling future meetings until a **mediator** is brought in to help settle the dispute.

기출 엿보기
a mediator between ~사이의 중재인

Syn. advocate, arbiter, arbitrator, broker

---

26 Jacobson 씨는 신 저널리즘으로 알려진 보도 문체의 선구자로 여겨진다.
27 미 대법원은 미 역사상 최악의 석유 유출 사고를 처벌하는 손해 배상금 액수를 3분의 1정도 삭감했다.
28 오스트레일리아의 가장 큰 철광석 상장 회사는 위임장 쟁탈전의 비용을 부담함에 따라 판매가 감소하는 것을 보았다.
29 고대 공예품이 뉴욕의 자연 과학 박물관으로 운송되는 중 파손되었다.
30 이사회는 분쟁 해결을 도울 중재자가 영입될 때까지 앞으로의 회의는 취소하는 것을 고려 중이다.

Check-up

🎧 Listen and fill in the blanks with the correct words. ⊚ MP3

01 I sincerely hope that my relationship with Jeffery will remain _____ despite our disagreement.

02 It is first necessary to collect information regarding the length of the school's _____ cycle.

03 Suntech has announced it is engaged in _____ merger discussions with an oil and gas exploration company.

04 MBA graduates are literate, _____, and have outstanding IT skills that are on the cutting edge.

05 Union leaders representing the new group of workers met Monday night in some regions to _____.

06 Precious metals _____ mutual funds higher in September for the fifth straight month in a row.

07 Most hotels and motels are now quite _____ about changing reservations at the last minute.

08 The district manager clearly has no _____ of how a successful franchise should be run.

09 It's more than just a time capsule, this _____ is often called one of jazz's finest.

10 Australia's biggest publicly traded iron ore company saw its sales shrink as it absorbed the costs of a _____ fight.

---

01 서로 의견은 다르지만 Jeffery와 우호적인 관계가 지속되기를 진심으로 바란다. 02 학교 교육 주기의 길이에 관한 정보를 수집하는 것이 가장 먼저 필요하다. 03 Suntech는 석유 및 가스 탐사 회사와 사전 합병 논의에 참여하고 있다고 발표했다. 04 MBA 졸업자들은 교양 있고 수리적 지식이 있으며 최첨단의 뛰어난 IT 기술을 보유하고 있다. 05 새로운 근로자 단체를 대표하는 노조 대표들은 전략을 세우기 위해 어떤 지역에서 월요일 밤 만났다. 06 귀금속은 9월에 5개월 연속 뮤추얼 펀드 상승을 가속화했다. 07 요즘 대부분의 호텔과 모텔은 마지막 순간에 예약을 변경하는 것을 꽤 쉽게 해준다. 08 그 지역 관리자는 성공한 프랜차이즈가 어떻게 운영되어야 하는지에 대해 전혀 개념이 없다. 09 재즈의 걸작 중 하나로 종종 불리는 이 편집 음반은 타임 캡슐 그 이상이다. 10 오스트레일리아의 가장 큰 철광석 상장 회사는 위임장 쟁탈전의 비용을 부담함에 따라 판매가 감소하는 것을 보았다.

 MP3

01 **domicile**
[U.S.] [dάməsàil/-səl]
[U.K] [dɔ́məsàil]

n. 집, 주소
v. 주소를 정하다

Any change of **domicile** while under contract must be registered with the appropriate authority within seven days.

 domicile of choice 기류지
be domiciled in[at] ~에 정주하다

Syn. abode, accommodation

02 **cordially**
[U.S.] [kɔ́:rdʒəli]

adv. 충심으로, 진심으로

cordial n. 진심에서 우러나는

All regional managers and their families are **cordially** invited to attend our annual picnic this weekend.

 be cordially invited to ~에 정중하게 초대되다

Syn. hospitably, kindly, warmly, heartily

03 **profoundly**
[U.S.] [prəfáundli]

adv. 심오하게

profound adj. 심오한

On behalf of everyone, I would like to say that we are **profoundly** grateful for your help and encouragement.

 be profoundly grateful 대단히 감사하다

Syn. completely, deeply, thoroughly

04 **rebound**
[U.S.] [ribáund]

v. 회복하다, 되돌아오다

Asian markets **rebounded** Thursday as U.S. senators prepared to vote on legislation to increase the financial bailout package.

 rebound from ~에서 다시 회복하다
on the rebound 반동으로

Syn. get back on, overcome, revive

---

01 계약 기간 중에 주소가 변경되면 7일 이내에 관할 당국에 등록해야 한다.
02 지역 담당자들과 가족들 모두 이번 주말 저희 연례 피크닉에 정중하게 초대하오니 참석해 주세요.
03 모두를 대신하여 당신의 도움과 격려에 대단히 감사드린다고 말씀드리고 싶습니다.
04 미 상원의원들이 구제 금융 계획을 확대하기 위한 법안에 투표할 준비가 되어 있기 때문에 아시아 시장은 목요일에 다시 회복했다.

05 **prosperity**

U.S. [prɑspérəti]
U.K. [prɔspérəti]

n. 번영, 번창

prosper v. 번영하다
prosperous adj. 번영하는

The value of the company's stock rose steadily in the 1990s, reflecting its growing **prosperity**.

기출 엿보기
in times prosperity 번영기에
in search of prosperity 성공을 좇아

Syn. success, riches, wealth, affluence

06 **premier**

U.S. [primíər]
U.K. [prémiə(r)]

adj. 첫째의, 최고의

prime adj. 제1의, 가장 중요한

Feather Light is the world's **premier** manufacturer of high end pillows, sheets, blankets, and bedding.

기출 엿보기
premier position 1위의 자리
a premier manufacture 일류 기업

Syn. principal, leading

07 **preferably**

U.S. [préfərəbli]

adv. 오히려, 더 좋아하며

prefer v. ~을 더 좋아하다
preferable adj. 바람직한

The research study called for healthy young adults, **preferably** under age 40, who wouldn't need to get a flu vaccination.

기출 엿보기
preferably inducling French 프랑스어 우대
prefer to+동사원형 ~하는 것을 선호하다

Syn. priority, first place, precedence, favouritism

08 **enumerate**

U.S. [injú:mərèit]

v. 열거하다, 낱낱이 세다

enumeration n. 열거, 계산
enumerative adj. 열거하는

We could easily **enumerate** the many reasons why your business would be better off advertising on the Internet.

기출 엿보기
enumerate strengths[merits] 장점을 열거하다
enumerate statistical figures 통계적 수치를 나열하다

Syn. calculate, cite, compute

---

05 1990년대에 그 회사의 주식 가격은 그 회사가 계속 번창하고 있음을 보여주면서 꾸준히 상승했다.
06 Feather Light 사는 고급 베개, 시트, 담요, 그리고 침구류를 생산하는 세계 최고의 제조회사이다.
07 그 조사 연구는 독감 백신을 맞을 필요가 없는 가급적 40세 이하의 건강하고 젊은 성인을 필요로 했다.
08 우리는 귀사의 경우 인터넷 광고가 더 나은 많은 이유를 쉽게 열거할 수 있습니다.

09 storage
[U.S.] [stɔ́:ridʒ]

n. 보관, 창고

store v. 저장하다, 비축하다

The new commercial **storage** facility will feature two loading bays, 24-hour security, and individually alarmed units.

 storage capacity 저장 용량
put A into storage A를 창고에 넣다

Syn. repertory, repository, stockpile, storehouse

10 nutritional
[U.S.] [nju:tríʃənal]

adj. 영양상의

nutrition n. 영양, 음식물

Chemical sweeteners have no **nutritional** value, so the Board of Education is asking that school cafeterias ban their use.

 a range of nutritional issues 영양에 관한 일련의 문제들
a low-fat nutritional lifestyle 저지방 영양식

Syn. healthful, nourishing, nutrient, salutary

11 irritate
[U.S.] [írətèit]

v. 짜증나게 하다, 자극하다, 염증을 일으키다

irritation n. 짜증(나게 함)
irritative adj. 짜증나게 하는

Be careful with hotel bar soaps; many contain chemicals that could **irritate** your skin.

 irritate greatly[very much] 몹시 성가시게 하다
irritate nerves 신경을 건드리다

Syn. annoy, provoke, disturb, bother

12 intensely
[U.S.] [inténsli]

adv. 강렬하게, 심하게

intensify v. 세게 하다, 증대하다
intensive adj. 집중적인, 철저한

Mr. Dent's strongest criticism was reserved for the general manager of the fallen company, whom he distrusted **intensely**.

 intensively competitive global economy
경쟁이 심한 세계 경제에서

Syn. fiercely, profoundly, strongly

---

09 새로운 상업용 저장 설비는 두 개의 적재함과 24시간의 보안, 그리고 개별 경보 시설을 갖추게 됩니다.
10 화학 감미료는 영양 가치가 없기 때문에 교육 위원회는 학교 식당에서 화학 감미료를 사용하는 것을 금지하도록 요청하고 있다.
11 피부에 염증을 일으킬 수 있는 성분을 포함한 것이 많으므로 호텔의 비누를 사용할 때는 조심하세요.
12 Dent 씨의 가장 강한 비판은 그가 엄청나게 불신했던 무너진 회사의 총괄 담당자를 위해 남겨졌다.

13 willing
U.S. [wíliŋ]

adj. 기꺼이 ~하는

If you're **willing** to take a connecting flight in Hong Kong, you can get a much cheaper ticket.

기출 엿보기 be willing to + 동사원형 기꺼이 ~하다

Syn. inclined, prepared, compliant, amenable

---

14 lubricate
U.S. [lú:brikèit]

v. 기름을 치다, 원활하게 하다

The astronauts will replace bearings, **lubricate** the rotary telescope mount, and perform general preventative maintenance.

기출 엿보기 lubricate A with grease A에 기름을 치다

---

15 collector
U.S. [kəléktər]

n. 수집가, 세금 징수원

collect v. 모으다, 집합시키다

A Renoir work that sat unwrapped in an art **collector**'s house for years sold in London for $280,000 Monday.

기출 엿보기 a toll collector 통행세 징수원
a stamp collector 우표 수집가

Syn. accumulator, compiler, finder, gatherer

---

16 amenable
U.S. [əmí:nəbəl/əménə-]

adj. 순종하는, 따르는

amenability n. 복종의 의무, 순종
amenably adv. 유순하게, 다루기 쉽게

The committee might be more **amenable** to your plan if you explained how much money it would save.

기출 엿보기 amenable to compromise 타협할 수 있는

Syn. agreeable, manageable, obedient

---

17 dismay
U.S. [disméi]

n. 당황, 놀람, 두려움
v. 당황케 하다

dismaying adj. 당황하게 하는

To his **dismay**, the new clerk discovered that free parking was not a perk extended to interns.

기출 엿보기 to one's dismay 놀랍게도, 낙담스럽게도
in [with] dismay 망연자실하여, 두려워하여

Syn. alarm, fear, horror, anxiety

---

13 홍콩에서 연결 항공편을 탈 생각이 있다면 훨씬 더 싼 티켓을 구할 수 있습니다.
14 우주 비행사들은 베어링을 교체하고 회전식 망원경 가대에 기름을 칠하고 종합적인 예방 정비를 실시할 것이다.
15 몇 년 동안 예술품 수집가의 집에 포장을 풀지 않은 채로 있었던 르누아르 작품이 월요일 런던에서 28만 달러에 팔렸다.
16 그것으로 얼마나 많은 돈이 절약되는지 설명한다면 위원회는 당신의 계획을 더욱 흔쾌히 받아들일지 모릅니다.
17 당황스럽게도 그 신입 직원은 무료 주차가 인턴에게까지 허용되는 특전은 아님을 깨달았다.

18 avid
[U.S.] [ǽvid]

adj. 열심인

avidly adv. 열심히

Mr. Simmons is also an **avid** runner who takes on everything from 10km races and up.

 avid for ~을 갈망하여
an avid moviegoer 열렬한 영화팬

Syn. keen, eager, enthusiastic, fervent

19 welcome
[U.S.] [wélkəm]

v. 환영하다

This move toward improving health care benefits for part-time temporary workers has been widely **welcomed**.

welcome to ~에 온 것을 환영하다
join me in welcoming ~을 소개합니다
give a warm welcome to ~을 따뜻하게 맞이하다

Syn. greet, embrace, hail

20 appendix
[U.S.] [əpéndiks]

n. 부속물, 부록

append v. 덧붙이다, 추가하다
appendant adj. 부가의, 부대적인

The New Liberal Party and the Social Democrats also included general statements in the **appendix** of the report.

 an appendix to ~의 부록

Syn. addition, adjunct, attachment, index

21 centennial
[U.S.] [senténiəl]

adj. 100년마다

centennially adv. 100년마다

The Queen will take part in **centennial** celebrations in Ontario, Manitoba, and Saskatchewan next summer.

 a centennial anniversary 100주년 기념

22 stack
[U.S.] [stæk]

v. 쌓아 올리다, 쌓이다
n. 무더기, 더미

Ms. Gladstone asked me to **stack** the merchandise on the shelves before opening the store.

stack (A) up (A를) 쌓아 올리다
a stack of ~의 더미

Syn. pile, heap, load

---

18 Simmons 씨는 또한 10km 이상 모든 경기에 참여하는 성실한 주자이다.
19 파트 타임 임시직 근로자들을 위한 의료 보험 혜택 개선에 대한 이러한 운동은 널리 환영받았다.
20 신자유당과 사회민주당은 또한 그 보고서의 부록에 일반적인 성명을 포함시켰다.
21 여왕은 내년 여름에 온타리오, 마니토바 그리고 서스캐처원에서 100주년 기념식에 참석할 것이다.
22 Gladstone 씨는 내게 상점을 열기 전에 선반에 상품을 쌓아달라고 부탁했다.

23 compensation

[U.S.] [kὰmpənséiʃən]
[U.K.] [kɔ̀mpənséiʃən]

n. 보상, 급료

compensate v. 보상하다
compensatory adj. 보상의

The California Human Rights Tribunal has awarded a pregnant woman more than $46,000 in **compensation** after she lost her job.

기출 엿보기
seek compensation 보상을 요구하다
In compensation for ~에 대한 보상으로

Syn. recompense, repayment, reimbursement

---

24 petty

[U.S.] [péti]

adj. 사소한, 하급의

pettily adv. 인색하게, 비열하게

The city council is considering hosting a forum to tackle an escalating problem of vandalism, thefts, and other **petty** crime.

기출 엿보기
petty expense 잡비
petty details 사소한 세부사항

Syn. trivial, small, slight

---

25 unveil

[U.S.] [ʌnvéil]

v. 드러내다, 선보이다, 정체를 나타내다

unveiled adj. 드러난, 가려지지 않은

U.S. carmakers **unveiled** a slew of smaller, more fuel-efficient vehicles at the Detroit auto show yesterday.

기출 엿보기
unveil oneself 정체를 드러내다
unveil a secret 비밀을 밝히다

Syn. bare, betray, disclose, discover

---

26 prototype

[U.S.] [próutoutàip]

n. 모형, 원형

prototypical adj. 원형의, 모범의

Students at the University of California on Thursday unveiled their design for a **prototype** solar powered car.

기출 엿보기
without testing physical prototype 원형 테스트 없이

Syn. model, example, standard

---

23 California 인권 재판소는 한 임산부가 실직한 이후 그에 대한 보상으로 4만 6천 달러 이상을 주었다.
24 시의회는 점점 증가하는 공공 시설물 파괴, 절도, 그리고 다른 경범죄와 같은 문제를 해결하기 위한 포럼 개최를 고려 중이다.
25 미국 자동차 제조업체들은 어제 Detroit 자동차 쇼에서 더 작고 연료 효율적인 자동차 다수를 공개했다.
26 캘리포니아 대학의 학생들은 목요일에 모형 태양열 자동차 디자인을 공개했다.

27 repetitive
[U.S.] [ripétətiv]

adj. 반복적인

repeat v. 반복하다
repeated adj. 거듭된
repeatedly adv. 반복적으로

Repetitive stress injuries, like "mouse" elbow, have taken a toll on office workers in the digital age.

기출 엿보기
repetitive questions 반복되는 문제
repetitive and mechanical 반복적이고 기계적인

[Syn.] ceaseless, constant, continual, insistent

28 impurity
[U.S.] [impjúərəti]

n. 불결, 불순

impure adj. 더러운, 순수하지 않은

The presence of **impurities** in the drinking water was blamed for the death of all three villagers.

기출 엿보기
remove[fill out] impurities 불순물을 제거하다[거르다]

[Syn.] adulteration, contamination, corruption

29 excursion
[U.S.] [ikskə́ːrʒən/-ʃən]

n. 유람, 소풍, 답사

excurse v. 소풍 가다, 여행을 가다

During our trip to Alaska, we joined a group of Inuit on a land **excursion** to see seals.

기출 엿보기
go on[for] an excursion 소풍 가다
make[take] an excursion to ~로 야유회를 가다

[Syn.] trip, tour, journey, outing

30 longevity
[U.S.] [lɑndʒévəti/lɔn-]

n. 장수

longevous adj. 장수의

Anthropologists claim that the **longevity** of modern humans more than quadrupled around 30,000 years ago.

기출 엿보기
political longevity 정치적 장수

[Syn.] durability, endurance

---

27 마우스 사용으로 인한 팔꿈치 통증과 같은 반복적인 스트레스 장애는 디지털 시대에 사무 근로자들에게 타격을 주었다.
28 식수에 있던 불순물이 세 명의 마을 사람이 사망한 원인이었다.
29 알래스카 여행 중 우리는 바다표범을 보기 위한 지역 유람에서 한 무리의 이뉴이트족에 합류했다.
30 인류학자들은 현대 인류의 수명이 3만 년 전에 비해 4배 이상 늘었다고 주장한다.

Check-up ◀

🎧 Listen and fill in the blanks with the correct words. 🎧MP3

01 All regional managers and their families are _____ invited to attend our annual picnic this weekend.

02 Asian markets _____ Thursday as U.S. senators prepared to vote on legislation to increase the financial bailout package.

03 We could easily _____ the many reasons why your business would be better off advertising on the Internet.

04 Be careful with hotel bar soaps; many contain chemicals that could _____ your skin.

05 A Renoir work that sat unwrapped in an art _____'s house for years sold in London for $280,000 Monday.

06 Mr. Simmons is also an _____ runner who takes on everything from 10km races and up.

07 Ms. Gladstone asked me to _____ the merchandise on the shelves before opening the store.

08 Students at the University of California on Thursday unveiled their design for a _____ solar powered car.

09 _____ stress injuries, like "mouse" elbow, have taken a toll on office workers in the digital age.

10 During our trip to Alaska, we joined a group of Inuit on a land _____ to see seals.

---

01 지역 담당자들과 가족들 모두 이번 주말 저희 연례 피크닉에 정중하게 초대하오니 참석해 주세요. 02 미 상원의원들이 구제 금융 계획을 확대하기 위한 법안에 투표할 준비가 되어 있기 때문에 아시아 시장은 목요일에 다시 회복했다. 03 우리는 귀사의 경우 인터넷 광고가 더 나은 많은 이유를 쉽게 열거할 수 있습니다. 04 피부에 염증을 일으킬 수 있는 성분을 포함한 것이 많으므로 호텔의 비누를 사용할 때는 조심하세요. 05 몇 년 동안 예술품 수집가의 집에 포장을 풀지 않은 채로 있었던 르누아르 작품이 월요일 런던에서 28만 달러에 팔렸다. 06 Simmons 씨는 또한 10km 이상 모든 경기에 참여하는 성실한 주자이다. 07 Gladstone 씨는 내게 상점을 열기 전에 선반에 상품을 쌓아달라고 부탁했다. 08 캘리포니아 대학의 학생들은 목요일에 모형 태양열 자동차 디자인을 공개했다. 09 마우스 사용으로 인한 팔꿈치 통증과 같은 반복적인 스트레스 장애는 디지털 시대에 사무 근로자들에게 타격을 주었다. 10 알래스카 여행 중 우리는 바다표범을 보기 위한 지역 유람선에 한 무리의 이뉴이트족에 합류했다.

Review Test

Choose the best answer and complete the sentence.

01 The Abbey of St. Nell provides for all of the needs of the monks within the confines of the _____ walls.

(A) buoyancy   (B) impurity   (C) prosperity   (D) monastery

02 At the press conference, the mine owner was _____ that the six trapped coalminers would be found alive.

(A) precise   (B) cordial   (C) custodial   (D) doubtful

03 This innovation will enable businesses to achieve greater management and resource focus to _____ their business strategies.

(A) execute   (B) enumerate   (C) appraise   (D) monopolize

04 For active investors-those who buy stocks _____ – the Internet has largely replaced television and newspapers.

(A) regularly   (B) intensely   (C) expressly   (D) distantly

05 When it comes to _____, 75 percent of employees said higher wages were most important to them.

(A) speculation   (B) remuneration   (C) association   (D) presumption

06 She sold her ownership stake in the company and _____ her position as senior vice-president of business operations.

(A) relinquished   (B) retrieved   (C) renovated   (D) relocated

07 Industry watchers said that the biggest travel websites are growing rapidly, despite _____ overall sales.

(A) selected   (B) stagnant   (C) incumbent   (D) nutritional

08 The deal, first announced in March and signed Tuesday, calls for delivery of a _____ vehicle by 2012.

(A) prototype   (B) premises   (C) prestige   (D) pioneer

01 St. Nell 사원은 수도원 벽의 한계 내에서 수도사들의 모든 필요를 제공한다. 02 기자 회견에서 광산 소유자는 갇힌 6명의 탄광 근로자가 생존한 채로 발견될지 회의적이었다. 03 이번 혁신은 사업체들이 사업 전략을 수행하기 위해 더 나은 경영과 자원 초점을 성취할 수 있게 할 것이다. 04 주식을 정기적으로 사는 적극적인 투자자들에게 인터넷은 텔레비전과 신문의 자리를 상당 부분 대신해왔다. 05 보수에 관해서 근로자들의 75%는 더 높은 봉급이 그들에게 가장 중요하다고 말했다. 06 그녀는 회사 소유 지분을 팔고 선임 부회장 직위를 포기했다. 07 업계 전문가들은 전체적으로 판매가 침체되었지만 최대 여행 웹사이트가 빠르게 성장하고 있다고 말했다. 08 3월에 처음 발표되고 화요일에 계약이 성사된 거래에서는 2012년 까지 자동차 모델을 발표해 줄 것을 요구한다.

09 Many small business owners said the rising dollar had a positive impact, _____ because they import their raw materials.

(A) expressly   (B) presumably   (C) enormously   (D) urgently

10 The auto industry employs 25,000 people in the UK, so Parliament is offering financial help to _____ a deal.

(A) numerate   (B) stipulate   (C) lubricate   (D) accumulate

11 Value for money, fuel economy, and _____ are prized most when buying a new car.

(A) scrutiny   (B) reliability   (C) adhesive   (D) inquiry

12 The company called the judge's decision "_____ flawed," but nevertheless accepted the verdict.

(A) profoundly   (B) preferably   (C) astutely   (D) reliably

13 The government will not extend Canada's combat mission in Afghanistan beyond February 2010 without a _____ in Parliament.

(A) consensus   (B) congress   (C) conglomerate   (D) stimulus

14 NATO troops are using the relative calm to _____ , but as the General noted, the Taliban are as well.

(A) insinuate   (B) strategize   (C) monopolize   (D) penalize

15 The interim CEO said the numbers were based on a _____ business plan created 18 months earlier.

(A) preparatory   (B) preferential   (C) preliminary   (D) premier

16 The purpose of a _____ cash fund is to provide departments with ready cash for the payment of small expenditures.

(A) petty   (B) lavish   (C) astute   (D) vital

09 많은 소기업 소유주들은 달러 가치 상승이 긍정적인 영향을 주었다고 말하는데 추측하건대 이는 그들이 원자재를 수입하기 때문일 것이다. 10 영국의 자동차 산업이 2만5천 명을 고용함에 따라 국회는 거래를 원활하게 하는 경제적 도움을 제공하고 있다. 11 돈에 대한 가치, 연비 그리고 안전성이 새 차를 구입할 때 가장 중요하게 여겨진다. 12 회사는 그 판사의 결정을 '심각한 오류가 있는' 결정이라고 했지만 그럼에도 불구하고 평결을 수용했다. 13 정부는 국회의 동의 없이 2010년 2월 이후 캐나다의 아프가니스탄에서의 전투 임무를 연장하지 않을 것이다. 14 나토군은 비교적 침착하게 전략을 세우고 있지만 군사령관이 말했듯이 탈레반도 마찬가지다. 15 임시 최고 경영자는 그 수치가 18개월 전 사전 사업안에 기초했다고 말했다. 16 소액 현금 자금의 목적은 각 부서의 소액 비용의 지출에 대한 예비 자금을 제공하기 위한 것이다.

토익 보카 공부하는 방법

토익
900+
필수보카

Week1

Week2

Week3

Week4

Day 16

01 consulate

U.S. [kánsələt]
U.K. [kɔ́nsjulət]

n. 영사관

The Korean ambassador will arrive at the British **consulate** following the Prime Minister's speech.

 기출
엿보기
the consulate general 총영사관

Syn. consular office, government office, ministry

---

02 irretrievable

U.S. [ìritríːvəbl]

adj. 회복할 수 없는

Most of the lost luggage is now basically **irretrievable** because it is hundreds of feet under the sea.

기출
엿보기
render all the stored information irretrievable
저장된 모든 정보를 복구 불능으로 만들다

Syn. irreparable, irrecoverable

---

03 emphatically

U.S. [imfǽtikəli/em-]

adj. 단호히, 강조하여

emphatic adj. 단호한, 강조된

Both groups also stated **emphatically** that the current funding streams for new media producers are overstretched.

기출
엿보기
emphatically deny 단호히 부정하다
be emphatically opposed to the proposals
단호히 그 제안을 반대하다

Syn. absolutely, assuredly, certainly, decidedly

---

04 inflict

U.S. [inflíkt]

v. (타격·고통을) 가하다, 주다

infliction v. (타격·고통을) 가함

Hollow-point bullets worry police because they're designed to **inflict** huge amounts of damage on a target.

기출
엿보기
inflict on ~에 고통을 유발하다

Syn. strike, wreak

---

01 한국 대사는 총리 연설 후에 영국 영사관에 도착할 것이다.
02 분실한 대부분의 짐은 수백 피트 바다 밑에 있기 때문에 현재 기본적으로 찾는 것이 불가능합니다.
03 양쪽 단체는 또한 새로운 미디어 제작자들을 위한 현재의 자금 흐름이 너무 확장되었다고 단호하게 이야기했다.
04 경찰들은 할로우 포인트 총탄이 목표물에 엄청난 손상을 가하도록 설계되었기 때문에 이를 우려한다.

05 **crate**
U.S. [kreit]

n. 나무 상자

The shipping **crates** have been properly labeled and loaded onto the transport trucks.

a shipping crate 운송용 포장 상자
25 crates of aluminum doorknobs 알루미늄 손잡이 25상자

Syn. container, case, box

06 **rustic**
U.S. [rʌ́stik]

adj. 시골(풍)의

rustical adj. 시골(풍)의, 전원 생활의
rustically adv. 시골(풍)으로

This cottage certainly has a **rustic** charm, but it has not yet been winterized.

a rustic fence 통나무로 소박하게 만든 울타리
a rustic simplicity 시골풍의 소박함

Syn. country, rural, pastoral, agricultural

07 **substantially**
U.S. [səbstǽnʃəli]

adv. 상당히

substantiate v. 확증하다
substance n. 물질, 요소, 본질
substantial adj. 상당한, 실제적인

The quality and range of our competitors' products have improved **substantially** over the last five years.

be reduced substantially 엄청나게 감소되다
expand operations substantially
실질적으로 운영을 확대하다
substantially exceed the minimum requirements
최소 요건 사항을 훨씬 초과하다

Syn. significantly, considerably, extensively, largely

08 **consecrate**
U.S. [kánsikrèit/kɔ́n-]

v. 바치다

consecrated adj. 바쳐진, 성스러운

Consecrated in 1962, the cathedral was completed in the same year, and it plays a central role in the community.

consecrate to ~에 바치다

Syn. devote, dedicate

---

05 이 화물 상자들은 알맞은 라벨을 달고 운송 트럭에 실렸다.
06 이 작은 별장은 확실히 전원적인 매력은 있지만 아직 방한 준비가 되어 있지 않다.
07 우리 경쟁사들 상품의 품질과 종류는 지난 5년 동안 상당히 발전되었다.
08 1962년 헌당된 그 대성당은 같은 해에 완공되었으며 지역 사회에서 중심 역할을 한다.

09 accomplice

[U.S.] [əkámplis/əkɔ́m-]

n. 공범, 연루자

U.S. federal prosecutors have identified an alleged **accomplice**, a childhood friend, in the killing of the councilman.

기출 엿보기   an accomplice in [to] ~의 공범

Syn. collaborator, associate, partner

10 eradicate

[U.S.] [irǽdəkèit]

v. 근절하다

eradicable adj. 근절할 수 있는
eradicably adv. 근절할 수 있게

The government is doing all it can to **eradicate** corruption in both the public sector and the private sector.

기출 엿보기   eradicate corruption 부패를 뿌리뽑다

Syn. get rid of, wipe out, eliminate, abolish

11 proceed

[U.S.] [prousíːd]

v. 나아가다, (일이) 진척되다
n. (pl.) 수입, 매상고

proceedings n. (pl.) 진행

Everyone should gather their notes and **proceed** to the conference room in fifteen minutes.

기출 엿보기   proceed to ~로 나아가다
proceed with ~을 계속하다

Syn. advance, go ahead, move on, progress

12 deduction

[U.S.] [didʌ́kʃən]

n. 공제

deduct v. 공제하다, 삭감하다

State governments want to convert an existing tax **deduction** for contributions by businesses to a non-refundable tax credit.

기출 엿보기   a deduction for ~의 공제
make a deduction (from) (~에서) 공제하다

Syn. discount, reduction, cut, concession

13 partially

[U.S.] [páːrʃəli]

adv. 부분적으로, 불공평하게

part n. 부분, 부품 v. 나누다
partial adj. 일부분의, 불공평한

The salmonella outbreak was traced back to a portion of meat that was only **partially** cooked.

기출 엿보기   partially completed application 완전히 작성되지 않은 신청서
partial to ~을 특히 좋아하는

Syn. fractionally, partly, to a certain extent

---

09 미 연방 검사들은 그 시의회 의원의 살인 사건에서 공범이라고 알려진 어린 시절 친구를 찾아냈다.
10 정부는 부패를 근절하기 위해 공공 부문과 민영 부문에 모든 수단을 강구하고 있다.
11 모두 노트를 챙겨서 15분 후에 회의실로 가야 한다.
12 주 정부는 사업체들의 기부금에 대한 기존의 세금 공제를 환급이 불가능한 세금 공제로 변환하고 싶어 한다.
13 살모넬라균의 확산은 부분적으로만 조리된 고기에서 원인을 찾아볼 수 있었다.

14 **conceal**

US [kənsíːl]

v. 숨기다, 감추다

concealed adj. 감춰진, 밀봉된

The former accountant tried to **conceal** several of his errors, and this resulted in a full audit the following year.

기출 엿보기 conceal from ~에게 숨기다

Syn. hide, bury, disguise, obscure

15 **endurance**

US [indjúərəns/en-]

n. 인내력, 지구력

endure v. 견디다, 지탱하다

Although this is a classic **endurance** race, the leading competitors are also very fast over shorter distances.

기출 엿보기 endurance exercise 지구력 강좌 운동
build endurance 지구력을 기르다

Syn. stability, continuity, duration, durability

16 **prosperous**

US [prásparəs]

UK [póspərəs]

adj. 번영하는, 순조로운

prosper v. 번영하다
prosperity n. 번영, 번창

Mr. Rudy opened a chain of restaurants in the 1970s and soon became a **prosperous** entrepreneur.

기출 엿보기 prosperous future 번영하는 미래
prosperous cities 번창하는 도시

Syn. wealthy, rich, affluent

17 **deflect**

US [diflékt]

v. 방향을 돌리다, 전가하다

deflection n. 편향, 왜곡
deflective adj. 빗나가게 하는

Semiconductor industry spokespeople have scrambled to **deflect** criticism over the recent price fixing scandal.

기출 엿보기 deflect from ~에서 방향을 돌리다
deflect onto ~쪽으로 방향을 돌리다

Syn. turn aside, bend

---

14 전 회계사는 자신이 한 여러 실수를 감추려 했고 이로 인해 다음 해 전면 감사가 이루어졌다.
15 이것이 고전적인 지구력 경기이긴 하지만, 선두 경쟁자들은 단거리에서도 또한 매우 빠르다.
16 Rudy 씨는 1970년대에 레스토랑 체인점을 열었고 곧 성공한 기업가가 되었다.
17 반도체 업계 대변인은 최근 발생한 가격 협정 스캔들에 대한 비난을 급히 다른 쪽으로 돌리려고 했다.

18 procession
[U.S.] [prəséʃən]

n. 행렬, 진행

Thousands of people lined the streets of London as a large **procession** accompanied the casket of a fallen soldier.

 a never-ending procession of new versions
새로운 버전의 끝없는 이어짐

Syn. parade, array, march

19 assertive
[U.S.] [əsə́ːrtiv]

adj. 단호한, 독단전인

assertively adv. 단정적으로, 단호하게

France secured its passage to the 2010 World Cup with an **assertive** 3-0 victory over European rival, Germany.

 politically assertive 정치적으로 단호한

20 refine
[U.S.] [rifáin]

v. 정제하다

refinement n. 정제, 세련

The crude oil is **refined** at the plant and then shipped out for sale in specially designed tanks.

 refine on[upon] ~을 연마하다, 개량하다
refine one's search 검색을 순조롭게 하다

Syn. purify, filter, cleanse, clarify

21 confiscate
[U.S.] [kánfiskèit/kənfís-]
[U.K.] [kɔ́nfiskèit]

v. 몰수하다, 압수하다

confiscation n. 몰수, 압수
confiscatory adj. 몰수의, 압수의

Organizers of the event will send teams of observers to **confiscate** material which infringes upon the brand.

 confiscate from ~에서 몰수하다, 압수하다
be confiscated by ~에 의해 압류되다

Syn. seize, impound, sequester

22 inordinate
[U.S.] [inɔ́ːrdənət]

a. 과도한, 지나친

inordinately adv. 지나치게

An investigation probing food safety has found that Coffee Time has received an **inordinate** number of health violations.

기출 엿보기 inordinate demands 터무니없는 요구
an inordinate amount of time 지나치게 많은 시간

Syn. excessive, immoderate, extravagant

---

18 대규모 행렬로 런던 거리를 줄 지은 수천 명의 사람들이 전사자의 관을 따라갔다.
19 프랑스는 유럽의 라이벌인 독일에 단연 3대 0으로 승리하여 2010년 월드컵 진출권을 확보했다.
20 원유는 공장에서 정제된 뒤 특별 제작된 탱크로 판매를 위해 배송된다.
21 행사 주최자들은 상표를 침해한 물품을 압수하기 위해 감시팀을 보낼 것이다.
22 식품의 안전성을 알아보는 조사에서 Coffee Time이 건강 기준을 지나치게 많이 위반했음이 밝혀졌다.

23 insolvent

U.S. [insάlvənt]
U.K. [insɔ́lvənt]

adj. 지불 불능의, 파산의
n. 지불 불능자, 파산자

insolvency n. 지불 불능, 채무 초과

The company is now officially **insolvent**, not having enough money to pay its debts let alone purchase supplies.

Syn. bankrupt, broken, busted

---

24 detachment

U.S. [ditǽtʃmənt]

n. 분리, 이탈, 고립

detach v. 떼다

Detachment from coworkers is often cited as a source of not only job stress but also dissatisfaction.

기출
엿보기   detachment from ~에서의 분리, 고립
      detached house 단독 주택

Syn. disengagement, disjoining, disunion, partition

---

25 straightforward

U.S. [stréitfɔ́:rwərd]

adj. 간단한, 정직한

straightforwardly adv. 간단히

The instructions are fairly **straightforward**, but you may call our help desk if you run into trouble.

기출
엿보기   straightforward about [with] ~에 관해[~에게] 솔직한, 정직한
      pretty straightforward procedure 아주 간단한 과정

Syn. honest, direct, genuine, sincere

---

26 emporium

U.S. [empɔ́:riəm]

n. 큰 상점, 백화점

Little Sisters Book and Art **Emporium** specializes in rare, hard to find fine art books, magazines, and periodicals.

기출
엿보기   an arts and crafts emporium 미술품 및 수공예품 상점

---

23 그 회사는 구매한 물품은 고사하고 빚을 갚을 충분한 돈도 가지고 있지 않아 이제 공식적으로 파산 상태이다.
24 동료로부터의 고립은 일에 대한 스트레스뿐 아니라 불만족의 원인으로도 종종 인용된다.
25 설명서는 꽤 간단합니다만, 문제가 있다면 저희 고객 지원부로 전화 주십시오.
26 Little Sisters Book과 Art Emporium(미술품 상점)은 희귀하고 찾기 힘든 미술책, 잡지, 그리고 정기 간행물을 전문으로 취급한다.

27 submission

U.S. [səbmíʃən]

n. 제출, 복종, 순종

submit v. 제출하다, 복종시키다
submissive adj. 복종하는, 순종하는

No official date has yet been set for the **submission** of applications, but we expect it to be in June.

기출 엿보기
in submission to ~에 복종하여
make a submission 제안하다

Syn. presentation, handing in, entry

28 forgery

U.S. [fɔ́ːrdʒəri]

n. 위조

forge v. 위조하다, 날조하다
forgeable adj. 지어낼 수 있는

The retailer was shocked to learn that several banknotes collected in the course of business were **forgeries**.

기출 엿보기
commit forgery 위조죄를 범하다

Syn. fake, counterfeit, fraud, imitation

29 allocate

[ǽləkèit]

v. 할당하다, 배분하다

allocation n. 할당, 배당
allocable adj. 할당 가능한

The president has agreed to **allocate** further funds to help prop up the ailing auto industry.

기출 엿보기
allocate A to B A를 B에 할당하다
allocate for ~을 위해 할당하다

Syn. allot, assign, distribute, dispense

30 consignment

U.S. [kənsáinmənt]

n. 위탁, 탁송, 위탁 화물

consign v. 위탁하다, 건네주다
consignable adj. 위탁할 수 있는

The most recent **consignment** of copper wiring was faulty and had to be returned to the manufacturer.

기출 엿보기
on consignment 위탁 판매로
sell consignment 위탁 판매품을 팔다

Syn. goods, contents, freight, merchandise

---

27 지원서 제출을 위한 공식적인 날짜는 아직 정해지지 않았지만 6월 중이 될 것으로 예상합니다.
28 그 소매상은 사업 과정에서 회수된 여러 장의 지폐가 위조였다는 것을 알고 충격을 받았다.
29 대통령은 부실 자동차 기업을 살리는데 도움을 주기 위해 더 많은 자금을 할당하는 데 동의했다.
30 가장 최근 탁송된 구리선은 결함이 있었고 제조사로 되돌려 보내야 했다.

Check-up

🎧 Listen and fill in the blanks with the correct words. ⊚MP3

01 Both groups also stated _____ that the current funding streams for new media producers are overstretched.

02 The shipping _____ have been properly labeled and loaded onto the transport trucks.

03 The quality and range of our competitors' products have improved _____ over the last five years.

04 Everyone should gather their notes and _____ to the conference room in fifteen minutes.

05 The former accountant tried to _____ several of his errors, and this resulted in a full audit the following year.

06 Semiconductor industry spokespeople have scrambled to _____ criticism over the recent price fixing scandal.

07 France secured its passage to the 2010 World Cup with an _____ 3-0 victory over European rival, Germany.

08 An investigation probing food safety has found that Coffee Time has received an _____ number of health violations.

09 No official date has yet been set for the _____ of applications, but we expect it to be in June.

10 The president has agreed to _____ further funds to help prop up the ailing auto industry.

---

01 양쪽 단체는 또한 새로운 미디어 제작자들을 위한 현재의 자금 흐름이 너무 확장되었다고 단호하게 이야기했다. 02 이 화물 상자들은 알맞은 라벨을 달고 운송 트럭에 실렸다. 03 우리 경쟁사들 상품의 품질과 종류는 지난 5년 동안 상당히 발전되었다. 04 모두 노트를 챙겨서 15분 후에 회의실로 가야 한다. 05 전 회계사는 자신이 한 여러 실수를 감추려 했고 이로 인해 다음 해 전면 감사가 이루어졌다. 06 반도체 업계 대변인은 최근 발생한 가격 협정 스캔들에 대한 비난을 급히 다른 쪽으로 돌리려 했다. 07 프랑스는 유럽의 라이벌인 독일에 단연 3대 0으로 승리하여 2010년 월드컵 진출권을 확보했다. 08 식품의 안전성을 알아보는 조사에서 Coffee Time이 건강 기준을 지나치게 많이 위반했음이 밝혀졌다. 09 지원서 제출을 위한 공식적인 날짜는 아직 정해지지 않았지만 6월 중이 될 것으로 예상합니다. 10 대통령은 부실 자동차 기업을 살리는 데 도움을 주기 위해 더 많은 자금을 할당하는 데 동의했다.

MP3

01 contestant
[U.S.] [kəntéstənt]

n. 경기자, 경쟁자

contest n. 경쟁, 경기

My co-worker has been chosen to be a **contestant** on a new television game show.

기출 엿보기   the contestant with the highest points
최고 득점을 올린 선수

Syn. competitor, candidate, participant

---

02 impartial
[U.S.] [impá:rʃəl]

adj. 공정한

impartially adv. 공정하게

Mr. Johnson resigned from the inquiry because many thought he was too biased to lead an **impartial** investigation.

기출 엿보기   impartial measures 공평한 조치
impartial and perceptive reporting 공정하고 깊이 있는 보도

Syn. unbiased, objective, neutral, fair

---

03 improperly
[U.S.] [imprápərli]

adv. 적절하지 않게

improper adj. 부적절한, 잘못된

The accident survivor's seat belt separated because it was installed **improperly**, the manufacturer contended.

기출 엿보기   use improperly 부적절하게 사용하다
improper installation 잘못된 설치

Syn. awkwardly, badly, inadequately

---

04 contest
[U.S.] [kántest/kón-]

v. 논쟁하다, 이의를 제기하다
n. 대회, 경쟁

contestation n. 논쟁

Griffin Pharmaceuticals announced it would **contest** any claims made against the safety of its products.

기출 엿보기   a contest among [between] ~사이의 경쟁
engage in [take part in] a contest 대회에 참가하다

Syn. debate, dispute, argue, doubt

---

01 내 동료는 새로운 텔레비전 게임쇼에 참가자로 뽑혔다.
02 많은 사람들이 Johnson 씨가 너무 편파적이어서 공정한 조사를 진행할 수 없다고 생각했기 때문에 그는 조사에서 물러났다.
03 사고 생존자의 안전벨트는 잘못 설치되어 있어서 분리된 것이라고 제조업자는 주장했다.
04 Griffin 제약은 제품의 안정성에 위배되는 어떠한 주장에도 이의를 제기할 것이라고 발표했다.

05 procurement
U.S. [proʊkjúərmənt]

n. (필수품의) 조달

procure v. 조달하다, 획득하다

The **procurement** of inexpensive steel and iron is a vital step in controlling our manufacturing costs.

 기출 엿보기
procurement process 조달 과정
procurement department 구매부

Syn. acquisition, appropriation, attainment

06 revolving
U.S. [rivάlviŋ/-vɔ́lv-]

adj. 순환식의, 회전식의

revolve v. 회전하다, 순환하다

A **revolving** account, such as Visa or a retail store card, allows consumers to make a minimum monthly payment.

 기출 엿보기
revolve around ~의 주위를 돌다
a revolving sign[furnace] 회전 표지판[회전로]

Syn. circling, circulating, encircling

07 admiringly
U.S. [ædmáiəriŋli]

adv. 감탄하여

admire v. 감탄하다, 찬탄하다

English poet Robert Graves **admiringly** described the soldiers who fought in Europe during the world wars.

기출 엿보기
look admiringly at the head of the sales department
영업 부장을 감탄하며 바라보다

08 impair
U.S. [impέər]

v. 해치다, 손상시키다

impairment n. 손상
impaired adj. 기능이 손상된

A recurring elbow injury has flared up and may **impair** her chances of winning the tournament.

기출 엿보기
impair one's health ~의 건강을 해치다

Syn. worsen, damage, injure, harm

09 altruism
U.S. [ǽltruìzəm]

n. 이타주의

altruistic adj. 이타적인

Lynn surprised the group with her suggestion to collect money for the needy because she's not known for her **altruism**.

 기출 엿보기
place altruism at the core of his personal value
그의 가치관에서 이타주의를 최우선에 두다

---

05 저렴한 강철과 철을 조달하는 것은 제조비를 조절하는 필수 단계이다.
06 비자나 소매점 카드와 같은 회전 계정은 고객들이 최소한의 월별 납부를 할 수 있게 해준다.
07 영국 시인 Robert Graves은 세계 대전 동안에 유럽에서 싸운 군인들을 찬탄하며 묘사했다.
08 계속 말썽을 일으켰던 팔꿈치 부상이 재발하여 그녀의 토너먼트 우승 가능성을 낮출 수도 있다.
09 Lynn은 가난한 사람들을 위해 돈을 모으자는 제안으로 모두를 놀라게 했는데 이는 그녀가 이타주의와는 거리가 먼 사람이었기 때문이다.

10 upscale
[U.S.] [ʌ́pskèil]

adj. 부자의, 평균 이상의

The formerly decrepit warehouse district is now a trendy place to be seen, sporting numerous **upscale** restaurants and cafes.

기출 엿보기 in the upscale market 상류층이 주 고객인 시장

Syn. opulent, prosperous

11 procrastinate
[U.S.] [proʊkrǽstənèit]

v. 꾸물거리다, 미루다

procrastination n. 지연

If we continue to **procrastinate** on this assignment we may not meet the deadline.

기출 엿보기 procrastinate frequently 자주 미루다

Syn. idle, lag, linger, loiter

12 corrosion
[U.S.] [kəróuʒən]

n. 부식, 침식

corrosive adj. 부식성의

The company admitted that **corrosion** could have affected engine and transmission supports in some cars.

기출 엿보기 corrosion resistance 내식성

Syn. decay, erosion, rust, deterioration

13 probably
[U.S.] [prábəbli]
[U.K.] [prɔ́bəbli]

adv. 아마도

probable adj. 유망한, 가망성 있는

The finance manager will **probably** announce the department's budget forecast at Monday's staff meeting.

Syn. likely, perhaps, maybe, presumably

---

10 이전에 낡은 창고 구역이었던 곳이 이제는 수많은 고급 식당과 카페를 자랑하는 감각적인 장소가 되었다.
11 이 과제를 계속해서 미루면 우리는 기한을 맞추지 못할 것이다.
12 회사는 부식이 일부 차의 엔진과 변속기 주변 장치에 영향을 줄 수도 있었을 것이라고 인정했다.
13 재무 담당 관리자는 아마도 월요일 직원 회의에서 부서의 예산 전망에 대해 발표할 것이다.

14 **demoralize**

U.S. [dimɔ́ːrəlàiz]

v. 의지를 꺾다

demoralization
n. 풍기문란, 타락, 퇴폐

Some teachers' unions said Thursday that the new mandatory evaluation system set to begin next year would **demoralize** teachers.

 기출
엿보기
demoralized by the recent action
최근의 조치로 의기소침해진

Syn. corrupt, bewilder

---

15 **dignitary**

U.S. [dígnətèry]

n. 고위 인사, 유명 인사

The city fathers declined to present the Dalai Lama with a gift, saying he wasn't an official **dignitary**.

기출
엿보기
many foreign dignitaries 많은 해외 고위 인사

Syn. celebrity, luminary, official, star

---

16 **assertively**

U.S. [əsə́ːrtivli]

adv. 단호하게

assert v. 단언하다
assertive adj. 단호한

I advised Martin to act more **assertively** if he really wants to get that promotion at work.

기출
엿보기
how to deal assertively 단호하게 처리하는 법
politically assertive 정치적으로 확고한

---

17 **infuriate**

U.S. [infjúərièit]

v. 격분케 하다

infuriation n. 격분, 격앙
infuriately adv. 격분하여, 격앙되어

Fat bonuses for bankers who lose money continue to **infuriate** the public, but they're not uncommon.

 기출
엿보기
be infuriated at ~에 노발대발하다

Syn. enrage, anger, provoke, irritate

---

14 몇몇 교원 노조는 내년 시작될 새로운 필수 교사 평가 시스템이 교사들의 사기를 꺾을 것이라고 목요일 말했다.
15 시의 유지들은 Dalai Lama는 공식 유명 인사가 아니라면서 그에게 선물을 주는 것을 거절했다.
16 Martin이 진정 승진을 원한다면 더 단호하게 행동하라고 조언했다.
17 손실을 보는 은행원들에 대한 상당한 보너스는 계속해서 대중을 격분케 하지만 이것은 흔히 볼 수 있는 일이다.

18 redemption

U.S. [ridémpʃən]

n. 상환, 회수, 구원

You have to pay commissions on the purchase and **redemption** of each single corporate bond.

기출 엿보기   **warranty redemption** 보증 이행

Syn. compensation, amends, reparation, atonement

19 legible

U.S. [lédʒəbəl]

adj. 읽기 쉬운, 판독할 수 있는

legibly adv. 읽기 쉽게, 판독하기 쉽게

The image must be simple enough on the left and the right to allow text to be **legible** on top.

Syn. easily read, readable

20 refurbish

U.S. [riːfəːrbiʃ]

v. 개장하다, 일신하다

refurbishment n. 일신, 쇄신

The developers **refurbished** the building inside and out, returning this once proud structure to its original glory.

기출 엿보기   **refurbish the house inside and out** 집 안팎을 개조하다

Syn. renovate, restore, repair, clean up

21 crawl

U.S. [krɔːl]

n. 서행
v. 기어가다

crawly adj. 근질근질한, 으스스한

The snowstorm forced airlines to cancel flights, reduced visibility on roads, and slowed city traffic to a **crawl**.

기출 엿보기   **crawl into[out of]** ~에 기어 들어가다[기어 나오다]

---

18 각 단일 회사채를 구매하고 상환할 때 수수료를 지불하셔야 합니다.
19 위에 있는 텍스트를 읽기 쉽도록 좌우 이미지는 충분히 간단하게 해야 한다.
20 그 개발업자는 그 건물을 안팎으로 개조하여 한때 훌륭했던 이 건물을 원래의 상태로 되돌려 놓았다.
21 눈보라로 항공사들은 항공편을 취소해야 했고 도로의 시야 확보가 잘 안 되었으며 도시 교통이 느려져 서행 현상이 일어났다.

22 loath
[U.S.] [louθ/louð]

adj. 싫어 하는, 혐오스러운

Investors are usually **loath** to part with a blue-chip stock, but many have been forced to sell their holdings.

기출 엿보기 | be loath to + 동사원형 ~하는 것을 싫어 하다

Syn. reluctant, unwilling, disinclined

23 coherent
[U.S.] [kouhíərənt]

adj. 일관된

coherently adv. 일관되게

The report was well researched and documented, **coherent**, and devoid of any grammatical or spelling errors.

기출 엿보기 | a coherent plan 일관된 계획

Syn. consistent, orderly, organized

24 demolition
[U.S.] [dèməlíʃən/dì:-]

n. 해체, 파괴

demolish v. 파괴하다

The agency is considering what it calls a "controlled **demolition**" of the building, which was closed on September 9.

기출 엿보기 | demolition work [plans] 철거 작업[계획]

Syn. annihilation, explosion, extermination

25 registered
[U.S.] [rédʒəstərd]

adj. 등록한, 공인된

register v. 등록하다
registration n. 등록
registrar n. 접수처, 접수인

Only **registered** users are allowed to access the database. Please contact a sales associate for an access code.

기출 엿보기 | a registered design 등록 의장
registered mail 등기 우편

Syn. cataloged, certified, enrolled

---

22 투자자들은 보통 블루칩 주식을 내놓기 싫어 하지만 많은 이들이 자신의 지분을 팔 수밖에 없었다.
23 그 보고서는 조사와 기록이 잘 되었고, 일관적이며, 문법이나 철자 오류도 없었다.
24 그 기관은 9월 9일에 문을 닫은 건물에 대해 '제어 발파'라고 불리는 철거 방식을 고려하고 있다.
25 등록한 사용자만 데이터베이스에 접속할 수 있습니다. 접속 코드를 알려면 판매 사원에게 문의하세요.

26 encryption
[U.S.] [enkrípʃən]

n. 암호화

encrypt v. 암호로 바꿔 쓰다

A problem with the **encryption** devices that make credit card transfers safe has banks and retailers worried.

 click encryption certificate 암호화 인증서를 클릭하다
be used for encryption and decryption
암호화와 암호 해독에 사용되다

27 adjustment
[U.S.] [ədʒʌ́stmənt]

n. 조정, 조절

adjust v. 적응하다, 조절하다
adjustable adj. 조정할 수 있는

Use the on-screen menu to make **adjustments** to the color and brightness of your monitor.

 make an adjustment 조정하다
an adjustment in [of] ~의 조정
an adjustment to a new environment 새로운 환경에의 적응

Syn acclimation, alternation, arrangement, conformance

28 specimen
[U.S.] [spésəmən]

n. 표본

The 12-meter-long **specimen** looked like an exotic creature straight out of a Hollywood sci-fi film.

take a specimen 예를 들다

Syn case, copy, model, exemplar

29 encompass
[U.S.] [inkʌ́mpəs]

v. 둘러싸다, 포위하다

The festival is to **encompass** everything from music and theater to literature, poetry, and the visual arts.

Syn include, hold, deal with, contain

30 inauguration
[U.S.] [inɔ̀ːgjəréiʃən]

n. 취임(식)

inaugurate v. 취임식을 거행하다, 취임시키다

inaugural adj. 취임(식)의

The **inauguration** ceremony will take place sometime in February, and it is shaping up to be a historic day.

 have [hold] an inauguration 취임식을 거행하다
the presidential inauguration 대통령 취임(식)

Syn an installation ceremony, an inaugural ceremony

---

26 신용카드 전송을 안전하게 하는 암호화 장치의 문제점 때문에 은행과 소매점들이 우려하고 있다.

27 모니터의 색상이나 밝기를 조정하려면, 화면 상 메뉴를 사용하세요.

28 12미터 길이의 표본은 할리우드 공상 과학 영화에서 막 나온 외계 생물 같았다.

29 그 축제는 음악과 영화에서부터 문학, 시, 그리고 시각 예술에 이르기까지 모든 것을 포함할 예정이다.

30 취임식은 2월 중에 열릴 것이며 역사적인 날로 모습을 갖추고 있다.

Check-up ◀

🎧 Listen and fill in the blanks with the correct words. 🎵MP3

01 Mr. Johnson resigned from the inquiry because many thought he was too biased to lead an _____ investigation.

02 The accident survivor's seat belt separated because it was installed _____, the manufacturer contended.

03 The formerly decrepit warehouse district is now a trendy place to be seen sporting numerous _____ restaurants and cafes.

04 I advised Martin to act more _____ if he really wants to get that promotion at work.

05 You have to pay commissions on the purchase and _____ of each single corporate bond.

06 The image must be simple enough on the left and the right to allow text to be _____ on top.

07 The developers _____ the building inside and out, returning this once proud structure to its original glory.

08 The report was well researched and documented, _____, and devoid of any grammatical or spelling errors.

09 A problem with the _____ devices that make credit card transfers safe has banks and retailers worried.

10 Use the on-screen menu to make _____ to the color and brightness of your monitor.

---

01 많은 사람들이 Johnson 씨가 너무 편파적이어서 공정한 조사를 진행할 수 없다고 생각했기 때문에 조사에서 물러났다. 02 사고 생존자의 안전벨트는 잘못 설치되어 있어서 분리된 것이라고 제조업자는 주장했다. 03 이전에 낡은 창고 구역이었던 곳이 이제는 수많은 고급 식당과 카페를 자랑하는 감각적인 장소가 되었다. 04 Martin이 진정 승진을 원한다면 더 단호하게 행동하라고 조언했다. 05 각 단일 회사채를 구매하고 상환할 때 수수료를 지불해야 합니다. 06 위에 있는 텍스트를 읽기 쉽도록 좌우 이미지는 충분히 간단하게 해야 한다. 07 그 개발업자는 그 건물을 안팎으로 개조하여 한때 훌륭했던 이 건물을 원래의 상태로 되돌려 놓았다. 08 그 보고서는 조사와 기록이 잘 되었고, 일관적이며, 문법이나 철자 오류도 없었다. 09 신용카드 전송을 안전하게 하는 암호화 장치의 문제점 때문에 은행과 소매점들이 우려하고 있다. 10 모니터의 색상이나 밝기를 조정하려면, 화면 상 메뉴를 사용하세요.

Day 18

---

01 **contributor**

U.S. [kəntríbjutər]

n. 기부자, 투고가

contribute v. 공헌하다

Sportax Apparel has been a major **contributor** and fundraiser for several local football teams.

 the biggest single contributor 가장 큰 기부자

Syn. donor, supporter, patron

---

02 **impractical**

U.S. [impræktikəl]

adj. 비실용적인

impracticality
n. 실행 불가능, 현실성이 없는 일

impractically adv. 비실용적으로

The software is limited compared to what's built into traditional desktop software, making it **impractical** for more complex tasks.

 impractical to ~에 비실용적인, 비현실적인
an impractical plan 비현실적인 계획

Syn. abstract, absurd, illogical, improbable

---

03 **meanwhile**

U.S. [mí:n*h*wàil]

adv. 그 동안에, 한편

Meanwhile, New York City's chief medical examiner continued to work Tuesday on identifying the remains of the deceased.

 in the meantime 그 사이에
for the meanwhile 우선, 당장

Syn. concurrently, meantime, simultaneously

---

04 **shred**

U.S. [ʃred]

v. 갈기갈기 찢다, 갈가리 찢어지다
n. 조각, 파편, 단편

You should remember to **shred** bills and other old mail containing personal details so thieves can't get the information.

tear into shreds 갈가리 찢다
in shreds 갈기갈기 찢겨

Syn. strip, piece, scrap, fragment

---

01 Sportax Apparel 사는 여러 지역 축구팀의 주요 기부자이며 기금 모금 단체이다.
02 그 소프트웨어는 더 복잡한 작업에 비실용적이어서 전통적인 데스크탑 소프트웨어에 탑재된 것에 비해 제한적이다.
03 한편 뉴욕 시의 수석 검사관은 화요일에도 사망자의 유해 조사를 계속했다.
04 절도범들이 정보를 얻을 수 없도록 개인 정보가 포함된 청구서나 다른 오랜 편지들은 잊지 말고 찢어버리세요.

05 profile
U.S. [próufail]

n. 프로필, 인물 소개, 외형
v. 개요를 쓰다

Our website allows job seekers to post their resume, contact employers, and update their **profile** as needed.

기출 엿보기 fit the required profile 신상 요건에 부합하다
candidates' profiles 응시자의 프로필 모음

Syn. biography, character, sketch, analysis

06 reversible
U.S. [rivɔ́ːrsəbəl]

adj. 거꾸로 할 수 있는, 뒤집을 수 있는

reverse adj. 반대의, 배후의
n. 반대, 뒤
v. 거꾸로 하다

Acute liver damage from the drug Methimazole is **reversible** once a patient stops taking it.

기출 엿보기 a reversible coat 양면 겸용 코트

Syn. versatile, indecisive, irregular

07 fleetingly
U.S. [flíːtiŋly]

adv. 순식간에, 휙 지나가듯

fleeting adj. 한순간의 덧없는

"It" girls and boys are ordinary people who become **fleetingly** famous for nothing more than just being famous.

기출 엿보기 pass fleetingly over 순식간에 휙 지나가다

Syn. momentary, brief, temporary, transient

08 dilate
U.S. [dailéit/di-]

v. 확장하다

dilated adj. 팽창한, 확장한

Such drugs will likely increase heart rates, raise blood pressure, and **dilate** pupils and airways.

기출 엿보기 by dilating blood vessels 혈관을 확장함으로써

Syn. amplify, broaden, enlarge

---

05 우리 웹사이트를 통해 구직자들은 이력서를 올리고 고용주들에게 연락하고 필요할 때 프로필을 갱신할 수 있습니다.
06 Methimazole 약으로 인한 급성 간 손상은 환자가 복용을 중단하면 원상태로 회복할 수 있다.
07 세련되고 매력적인 사람을 가리키는 '잇걸' 혹은 '잇보이'는 그냥 유명하다기보다 이유 없이 순식간에 유명해진 보통 사람들이다.
08 그러한 약은 심장 박동을 증가시키고 혈압을 상승시키며 동공과 기도를 확장시킬 수 있다.

Day 18

09 assurance
U.S. [əʃúərəns]

n. 보증, 확신

assure v. 보증하다, 안심시키다

The finance committee is once again influencing policy despite **assurances** to the contrary that it wouldn't.

기출 엿보기
give an assurance 약속하다, 보장하다
receive quality assurance awards 품질 보증 상을 받다
have assurance that~ ~라고 확신하다

Syn. guarantee, commitment, declaration, assertion

10 intermediate
U.S. [ìntərmíːdiət]

adj. 중간의, 중급의
v. 중재하다, 사이에 들어가다

intermediation n. 중개, 매개
intermediary adj. 중간의, 중개의

According to the 2008 assessment, just 80 of 568 core French students achieved **intermediate** comprehension targets set by the MOE.

기출 엿보기
too easy for intermediate students
중급 수준의 학생에게 너무 쉬운

Syn. average, medium, moderate, standard

11 proliferate
U.S. [proulífərèit]

v. 번식하다, 증가하다

proliferation n. 급증, 확산

Global positioning products seemed to **proliferate** at this year's Shipping and Marine World Expo.

기출 엿보기
proliferate in rainy humid conditions
비가오고, 습기찬 상태에서 번식하다

Syn. breed, expand, multiply

12 ordinance
U.S. [ɔ́ːrdənəns]

n. (시 · 읍 · 면의) 조례, 규정

The penalty is stiffer in Minnesota where the town council passed an **ordinance** that carries a fine of up to $500 US.

Syn. regulation, authorization, command, enactment

---

09 재정 위원회는 그렇지 않을 것이라는 확신과는 반대로 다시 한번 정책에 영향을 미치고 있다.
10 2008년도 평가에 따르면, 568명의 프랑스 핵심 학생들 중 80명만이 MOE가 주관한 중급 이해 목표를 성취했다.
11 올해 선박 및 함선 엑스포에서는 위성 항법 장치 관련 상품이 급증한 것 같았다.
12 벌금은 시 당국이 500달러까지 벌금을 매기는 조례를 통과시킨 미네소타에서 더 엄격하다.

162

13 **probationary**
U.S. [proubéiʃənèri/-nəri]

adj. 견습 중의, 가채용의

probation n. 시험, 심사

All newly hired employees must undergo a three-month **probationary** period before their position becomes permanent.

 on a probationary basis 수습으로

Syn. trial, unconfirmed, undecided, unsettled

14 **deflate**
U.S. [difléit]

v. 수축시키다, (희망을) 꺾다

deflation n. 수축, 물가하락

A public administrator has been appointed to help **deflate** a ballooning deficit at Lexington General Hospital.

deflate the company's ballooning expenditures 회사의 불어나는 지출을 줄이다

Syn. decrease, diminish, shrink, squash

15 **profusion**
U.S. [prəfjú:ʒən]

n. 풍부, 다량, 사치

profusive adj. 낭비하는

The island is known for its colorful tropical birds, including rare parrots, and a **profusion** of plants.

a profusion of 풍부한, 많은
in profusion 풍부하게, 굉장히 많이

Syn. abundance, ampleness, prosperity

16 **irreversible**
U.S. [ìrivá:rsəbəl]

adj. 취소할 수 없는, 뒤집을 수 없는

Many of the most damaging effects of climate change are already **irreversible**, researchers jointly declared Monday.

irreversible damage 회복할 수 없는 손해

---

13 새로 고용된 모든 직원들은 발령이 나기 전에 3개월의 수습 기간을 거쳐야 한다.
14 Lexington General 병원의 급증하는 적자를 줄이는 데 도움을 주기 위해 행정관이 임명되었다.
15 그 섬은 희귀 앵무새를 포함한 다채로운 열대 조류와 풍부한 식물들로 유명하다.
16 기후 변화의 가장 파괴적인 영향들 중 상당 부분이 이미 회복할 수 없다고 월요일에 연구가들이 공동으로 선언했다.

17 perturb

us. [pərtə́:rb]

v. 혼란시키다, 교란하다

Canada's addition to a priority watch list of countries deemed soft on copyright piracy will likely **perturb** the government.

기출 엿보기 be perturbed about[or at, over] ~을 걱정하다

Syn. dismay, disorder, disturb, irritate

18 creditor

us. [kréditər]

n. 채권자

Secured **creditors** will be paid first, and any profits left over will be split equally between non-secured creditors.

기출 엿보기 pay off one's creditors 채권자에게 빚을 모두 갚다
creditors by priority 우선 채권자

Syn. acceptor, beneficiary, consignee, grantee

19 dietary

us. [dáiətèri/-təri]

adj. 식이 요법의, 음식물의

diet n. 식이 요법, 음식물

The U.S. Food and Drug Administration has issued a public health advisory warning consumers to stop using certain **dietary** supplements.

기출 엿보기 a dietary cure 식이 요법

20 withstand

us. [wiðstǽnd]

v. 이기다, 견뎌내다

withstander n. 반대자, 저항자

The safe house is protected with specially designed armor to **withstand** ground and air attacks.

기출 엿보기 withstand sudden temperature change 갑작스러운 온도 변화를 견디다

Syn. resist, fight, combat, oppose, endure, stand

21 disbursement

us. [disbə́:rsmənt]

n. 지급, 지출

disburse v. 지불하다

A total of 24 projects were submitted for consideration for the fund's first **disbursement** since its inception last year.

기출 엿보기 balance receipts and disbursement 수지 균형을 유지하다
an unjust disbursement 부당 지출

Syn. cost, disposal, expenditure, expense

---

17 저작권 침해에 대해 엄격하지 않다고 생각되었던 캐나다가 우선 감시 국가 목록에 추가된 것이 정부를 혼란스럽게 할 수도 있다.
18 담보 채권자들이 우선 지급 대상이 될 것이며 남은 수익이 있다면 비담보 채권자들 사이에 균등하게 분할될 것이다.
19 미국 식품 의약국이 소비자들에게 특정한 건강 식품 보조 식품 사용 중지를 경고하는 공중 건강 권고를 발표했다.
20 그 은신처는 지상 공격과 공습을 견디기 위해 특별 제작된 방호 설비로 보호된다.
21 작년에 처음 개시된 이후 그 기금의 첫 지급을 고찰한 총 24개의 프로젝트가 제출되었다.

22 exhaustive

u.s. [igzɔ́:stiv]

adj. 철저한

exhaust v. 다 써버리다, 소진시키다
exhaustion n. 소모, 고갈

An **exhaustive** search was called off Friday night, and officials will meet Saturday to reassess the situation.

기출 엿보기 　make an exhaustive investigation 철저히 연구하다

Syn. comprehensive

23 chronological

u.s. [krɑ̀nəládʒikəl]

adj. 연대순의

chronology n. 연대기
chronologically adv. 연대순으로

The documents from the finance department are listed in **chronological** order and by subject.

기출 엿보기 　in chronological order 연대순으로

Syn. ordered, progressive, sequent, sequential

24 grievance

u.s. [grí:vəns]

n. 불평, 불만

The **grievance** over an increase in pay for rural doctors is being seen as unreasonable.

기출 엿보기 　suit a grievance 불만을 제기하다
settle a grievance 불만을 해결하다

Syn. complaint, gripe

25 vigorous

u.s. [vígərəs]

adj. 원기 왕성한, 활기 있는

vigor n. 정력, 활기

Lawmakers are facing **vigorous** opposition to the proposed changes to the Unemployment Insurance Act.

기출 엿보기 　have a vigorous argument 활발한 토론을 하다

Syn. strenuous, energetic, arduous, hard

26 surrender

u.s. [səréndər]

v. 양도하다, 항복하다

surrenderer
n. 인도하는 사람, 양도하는 사람

Not at all surprisingly, at the end of the movie they laid down their weapons and **surrendered**.

기출 엿보기 　surrender A to B A를 B에게 넘겨주다

Syn. give in, yield, submit, succumb

---

22 금요일 밤에 철저한 조사가 취소되었고 관리들은 상황을 재평가하기 위해 토요일에 만날 것이다.
23 재무 부서의 문서들은 연대순과 주제별로 나열되어 있다.
24 시골 의사들에 대한 임금 인상에 대한 불만은 부당한 것으로 보여진다.
25 입법자들은 실업 보험법과 관련하여 제안된 변화에 대한 격렬한 반대에 직면하고 있다.
26 그다지 놀랍지 않게도,, 영화 후반에 그들은 무기를 내려놓고 항복했다.

27 warranty

U.S. [wɔ́(:)rənti/wɑ́r-]
U.K. [wɔ́rənti]

n. 보증(서), 서약

Questions are being raised about a 15-year **warranty** being offered by some resellers on a particular type of paint.

 기출 엿보기
under warranty (상품의) 보증 기간 내
a warranty on ~에 대한 보증
a warranty expires[runs out] 보증 기간이 만료되다

Syn. guarantee, promise, bond, pledge

28 coalition

U.S. [kòuəlíʃən]

n. 연합, 제휴

The president was narrowly able to get the crucial bill passed by forming a **coalition** with the opposition.

 기출 엿보기
a coalition among[between, of] ~사이의 연합, 제휴
a political coalition 정치적 연합

Syn. alliance, affiliation, association, merger

29 barring

U.S. [bɑ́:riŋ]

prep. ~이 없으면, ~이외에

SigmaTel is seeking to quash an injunction **barring** its takeover offer for Videotron, the electronic parts manufacturer.

 기출 엿보기
barring accidents 사고만 없었다면

Syn. apart from, aside, excepting, excluding

30 withdrawal

U.S. [wiðdrɔ́:əl/wiθ-]

n. 인출, 철회

withdraw v. 철회하다, 인출하다

Customers under the age of 16 and over the age of 65 will not be charged for **withdrawals**.

 기출 엿보기
make a withdrawal 예금을 인출하다
a withdrawal from ~에서의 인출, ~에서의 철수

Syn. removal, taking away, abolition, elimination

---

27 특정 종류의 페인트에 대해 일부 전매업자들이 제안한 15년 보증에 대해 의문이 제기되고 있다.
28 대통령은 야당과 제휴함으로써 간신히 중요 법안을 통과시킬 수 있었다.
29 SigmaTel은 전자 제품 제조업체인 Videotron에 대한 인수 제안이 없다면 이행 명령을 무효로 하려고 하고 있다.
30 16세 이하와 65세 이상의 고객들에게는 취소 수수료가 청구되지 않습니다.

Check-up

🎧 Listen and fill in the blanks with the correct words. 💿MP3

01 The software is limited compared to what's built into traditional desktop software, making it _____ for more complex tasks.

02 _____, New York City's chief medical examiner continued work Tuesday on identifying the remains of the deceased.

03 Our website allows job seekers to post their resume, contact employers, and update their _____ as needed.

04 "It" girls and boys are ordinary people who become _____ famous for nothing more than just being famous.

05 The finance committee is once again influencing policy despite _____ to the contrary that it wouldn't.

06 All newly hired employees must undergo a three-month _____ period before their position becomes permanent.

07 Many of the most damaging effects of climate change are already _____, researchers jointly declared Monday.

08 A total of 24 projects were submitted for consideration for the fund's first _____ since its inception last year.

09 Lawmakers are facing _____ opposition to the proposed changes to the Unemployment Insurance Act.

10 The president was narrowly able to get the crucial bill passed by forming a _____ with the opposition.

---

01 그 소프트웨어는 더 복잡한 작업에 비실용적이어서 전통적인 데스크탑 소프트웨어에 탑재된 것에 비해 제한적이다. 02 한편 뉴욕시의 수석 검사관은 화요일 사망자의 유해 조사를 계속했다. 03 우리 웹사이트를 통해 구직자들은 이력서를 올리고 고용주들에게 연락하고 필요할 때 프로필을 갱신할 수 있습니다. 04 세련되고 매력적인 사람을 가리키는 '잇걸' 혹은 '잇보이'는 그냥 유명하다기보다 이유 없이 순식간에 유명해진 보통 사람들이다. 05 재정 위원회는 그렇지 않을 것이라는 확신과는 반대로 다시 한번 정책에 영향을 미치고 있다. 06 새로 고용된 모든 직원들은 발령이 나기 전에 3개월의 수습 기간을 거쳐야 한다. 07 기후 변화의 가장 파괴적인 영향들 중 상당 부분이 이미 회복할 수 없다고 월요일에 연구가들이 공동으로 선언했다. 08 작년에 처음 개시된 이후 그 기금의 첫 지급을 고찰한 총 24개의 프로젝트가 제출되었다. 09 입법자들은 실업 보험법과 관련하여 제안된 변화에 대한 격렬한 반대에 직면하고 있다. 10 대통령은 야당과 제휴함으로써 간신히 중요 법안을 통과시킬 수 있었다.

Day 19

01 corridor
U.S. [kɔ́:ridər/kár-/-dɔ̀:r]
U.K. [kɔ́ridɔ:]

n. (건물의) 복도

The meeting will take place in the conference room at the end of the **corridor**.

a narrow corridor 좁은 복도
dimly lit corridor 어두컴컴한 복도

Syn. passage, alley, aisle, hallway

---

02 hilarious
U.S. [hilέəriəs/hai-]
U.K. [hilέəriəs]

adj. 아주 재미있는

hilariously adv. 유쾌하게, 즐겁게

The movie wasn't **hilarious** by any means, but it was worth a few chuckles.

Syn. amusing, comical, entertaining

---

03 mostly
U.S. [móustli]

adv. 주로, 대개

most adj. 대개의, 대부분

Wall Street finished a choppy session **mostly** higher in the wake of the latest auto industry bailout.

기출 엿보기
be mostly sunny 대체로 맑다

Syn. mainly, largely, chiefly, principally

---

04 staple
U.S. [stéipəl]

v. 스테이플로 고정시키다
n. 주요 산물

Please don't **staple** the pages together; instead, use a paper clip to fasten the edges at the top.

기출 엿보기
staple A together A를 스테이플로 고정하다
staple foods 주식
staple commodities 중요 상품

---

01 회의는 복도 끝에 있는 회의실에서 열립니다.
02 그 영화는 결코 그렇게 재미있지 않았지만 몇 장면은 웃음이 나기도 했다.
03 월 스트리트는 최근 자동차 업계 구제 금융의 여파로 변동이 심한 기간을 대체로 높게 마감했다.
04 종이를 스테이플로 고정시키지 말고 윗부분의 가장자리를 페이퍼 클립으로 고정시키세요.

05 projection

[U.S.] [prɑdʒékʃən]

n. 예상(치), 예측

project v. 추정하다. 예측하다

GBF Industries exceeded second quarter revenue **projections** by generating over $130 million in profits.

기출 엿보기 computer-generated need projection
컴퓨터로 계산된 수요 예측
fourth-quarter projection 4분기의 예상 목표

[Syn.] forecast, calculation, estimation, computation

06 reinforcement

[U.S.] [rìːinfɔ́ːrsmənt]

n. 보강, 강화, 보급

reinforce v. 보강하다, 강화하다

Researchers have found that the hormone dopamine also serves as positive **reinforcement** for aggression.

기출 엿보기 bring in reinforcement to guard 병력을 증원시키다

[Syn.] support, assist, favor

07 rashly

[U.S.] [ræʃli]

adv. 성급히

rash adj. 지각없는, 무분별한

I think we need to be business-like and not act **rashly**; try to make the most of the situation.

기출 엿보기 submit your payment rashly 지체 없이 납부하다

[Syn.] abruptly, excitedly, hastily

08 encircle

[U.S.] [ensə́ːrkl]

v. 둘러싸다, 에워싸다

encirclement n. 고립화

We would also need to provide direct access to the airport, not like the twisting roads that **encircle** the city.

기출 엿보기 be encircled by[with] ~로 둘러싸이다
encircle the park 공원을 둘러싸다

09 imperfection

[U.S.] [ìmpərfékʃən]

n. 결점, 단점

imperfect adj. 결함이 있는

John Cougar's latest play explores the darker side of life, exposing real fragility and **imperfection**.

기출 엿보기 acknowledge one's imperfection ~의 결점을 인정하다

[Syn.] flaw, failing, defect, deficiency

---

05 GBF 산업은 수익을 1억 3천만 달러 이상 창출함으로써 2분기 예상 실적을 초과했다.
06 연구자들은 도파민 호르몬은 또한 공격성을 긍정적으로 강화시켜 주는 역할을 한다는 것을 발견했다.
07 우리는 사무적이며 성급히 행동하지 않아야 하고 상황을 최대한 이용하려 노력해야 한다고 생각한다.
08 우리는 또한 도시를 둘러싼 구불구불한 도로가 아닌 공항으로 가는 직접적인 노선을 제공해야 한다.
09 John Cougar의 최신 연극은 진실로 취약하고 불완전한 부분들을 드러내면서 삶의 어두운 면을 탐구한다.

10 marvelous

U.S. [máːrvələs]

adj. 훌륭한, 놀라운

As summer draws to a close, it is a **marvelous** time for getting outdoors and taking a walk.

기출 엿보기 marvelous news [opportunity] 굉장한 소식[기회]

Syn. excellent, wonderful, amazing, extraordinary

11 prosecute

U.S. [prásəkjùːt/prɔ́-]

v. 기소하다, 고발하다

prosecution n. 기소, 공소
prosecutor n. 검사, 기소자

Government regulators have stated that they will likely **prosecute** Tex Oil for ignoring environmental regulations.

기출 엿보기 prosecute A for + (동)명사 ~한 혐의로 A를 기소하다

Syn. bring to trial, sue, indict

12 composite

U.S. [kəmpázit]
U.K. [kɔ́ːmpəzit]

n. 복합물

compose v. 구성하다, 조립하다
composition n. 구성, 작곡
composer n. 작곡가

The College Basketball Association will scrap its new microfiber **composite** ball and bring back the old leather one in March.

기출 엿보기 a composite substance 합성물

Syn. complex, compound, conglomerate

13 culinary

U.S. [kʌ́lənèri]
U.K. [kʌ́linəri]

adj. 요리의

culinarily adv. 요리의

According to many gastronomy experts, Tokyo has unseated Paris as the world's **culinary** capital.

기출 엿보기 the culinary art 요리법
culinary implements 요리 기구

14 deviate

U.S. [díːvièit]

v. 빗나가다, 벗어나다, 벗어나게 하다

deviation n. 탈선, 일탈

Each student filmmaker was given individual restrictions that forced them to **deviate** from their usual style.

기출 엿보기 deviate from ~에서 벗어나다

Syn. avert, bend, deflect, diverge

---

10 여름이 끝나감에 따라 실외로 나가 산책하기에 정말 좋은 때이다.
11 정부 감독 기관은 환경 규정을 무시한 Tex 오일을 기소할 수도 있다고 말했다.
12 대학 농구 연맹은 3월에 새로운 마이크로로 파이버로 된 합성볼을 쓰지 않고 다시 예전에 쓰던 가죽볼을 도입할 것이다.
13 많은 요리 전문가들에 따르면, 도쿄는 세계 요리의 수도로서의 파리의 자리를 빼앗았다.
14 학생 영화 제작자들은 각자의 일반적인 스타일에서 벗어나야 한다는 제한을 받았다.

15 downfall
[U.S.] [dáunfɔ̀:l]

n. 전복, 파멸

Political opponents were predicting the **downfall** of the government on Sunday, one week before the release of the UN report.

Syn. fall, collapse, crash, destruction

16 dilapidated
[U.S.] [dilǽpədèitid]

adj. 허물어진, 허름한

dilapidate v. 황폐케 하다
dilapidator n. 황폐케 하는 것

Nineteen immigrant construction workers were killed in the collapse of a **dilapidated**, seven-story building in Washington.

기출
엿보기 a dilapidated building 허물어져 가는 빌딩

Syn. damaged, impaired, shabby

17 invoke
[U.S.] [invóuk]

v. 유발시키다

invocation n. (신에) 기도, 기원

The accused is free to **invoke** his constitutional right not to incriminate himself—also known as "taking the fifth."

기출
엿보기 invoke that kind of reaction 그런 식의 반응을 유발시키다

Syn. appeal, put into effect, initiate

18 ejection
[U.S.] [idʒékʃən]

n. 쫓겨남, 추방

eject v. 쫓아내다, 추방하다

There have been calls in the AHL for automatic game **ejections** and suspensions for fighting.

기출
엿보기 a contest that saw five player ejections
5명의 선수가 퇴장 당한 경기

Syn. banishment, disbartment, discharge

---

15 정적들은 유엔 보고의 발표 일주일 전인 일요일에 정부의 몰락을 예견하고 있었다.
16 워싱턴에 위치한 허물어져 가는 7층짜리 건물 붕괴로 19명의 이민 건설 노동자들이 사망했다.
17 피고인은 '묵비권 행사의 권리'라고도 알려진 자신을 불리하게 하지 않을 헌법상 권리를 자유롭게 주장할 수 있다.
18 미국 하키 리그(AHL)에서는 경기 중 일어나는 싸움에 대해 자동 경기 퇴출과 출전 정지에 대한 요구가 있었다.

19 fledgling
[U.S.] [flédʒliŋ]

adj. 미숙한, 신생의
n. 신출내기, 풋내기

Micron will assign some of its own employees, including factory engineers, to act as consultants to **fledgling** technology firms.

 fledgling democracy 신생 민주주의
fledgling phenomenon 초기 단계

Syn. beginning, fresh, promising

20 compromise
[U.S.] [kámprəmàiz/kɔ́m-]

v. 타협하다, 화해하다
n. 타협, 절충안

compromiser n. 타협하는 사람

The minority government will have to **compromise** with the opposition if it wants to pass the bill.

 compromise on [over] ~에 대해 타협하다
make a compromise with ~와 타협하다
reach [come to] a compromise 타협에 이르다

21 grandeur
[U.S.] [ɡrǽndʒər/-dʒuər]

n. 장대, 웅대, 위풍

grand adj. 웅장한, 위대한

In the last act of the play, Hoffman sweeps into the office of Alvin Letten with all the **grandeur** of royalty.

 the grandeur of the scenery 그 경치의 웅장함
awestruck at the grandeur of the scene
경치의 장관에 위압당한

Syn. splendour, glory, majesty, magnificence

22 gorgeous
[U.S.] [ɡɔ́ːrdʒəs]

adj. 호화로운, 눈부신

gorgeously adv. 화려하게, 눈에 띄게

From the brilliant blue of Lake Louise to the **gorgeous** Banff Springs Hotel, B.C. is the ideal vacation spot.

a gorgeous room 호화스러운 방
a gorgeous meal 훌륭한 식사

Syn. magnificent, splendid, superb

---

19 Micron은 공장 엔지니어를 포함한 당사의 직원들 중 일부를 신생 기술 회사에 컨설턴트 역할을 하도록 배정할 것이다.
20 소수당 정부가 그 법안을 통과시키고 싶다면 야당과 타협해야 할 것이다.
21 연극의 마지막 막에서 Hoffman은 위풍당당한 기세로 Alvin Letten의 사무실에 당당히 들어간다.
22 눈부신 푸른빛의 Louise 호수에서부터 호화로운 Banff Springs 호텔에 이르기까지 영국은 이상적인 휴가 장소다.

23 choke

ᴜˢ [tʃouk]
ᴜᴋ [tʃəuk]

v. 질식시키다, 숨이 막히다

choking adj. 질식할 것 같은

Between the hours of 7 and 9 a.m., the streets in the downtown core are **choked** with commuter traffic.

 choke up 질식시키다
be choked up ~로 막히다

ˢʸⁿ. stifle, suffocate

---

24 disorder

ᴜˢ [disɔ́ːrdər]

n. 장애, 질환

disorderly adj. 무질서한, 혼란한

The number of veterans on disability for post-traumatic stress **disorder** has climbed significantly in the past decade.

 be in disorder 혼란 상태에 있다
fall [throw] into disorder 혼란에 빠지다[빠뜨리다]

ˢʸⁿ. illness, sickness, disease, malady

---

25 deductible

ᴜˢ [didʌ́ktəbl]

adj. 공제할 수 있는

deduction n. 공제, 삭감
deduct v. 공제하다, 빼다

Some expenses, for example office telephone bills, are tax **deductible**, so you should keep all reciepts.

tax deductible 세금이 공제되는
deductible from ~에서 공제할 수 있는
deduct A from B B에서 A를 공제하다
standard deduction 기본 공제

---

26 proponent

ᴜˢ [prəpóunənt]

n. 제안자, 지지자

propone v. 제안하다, 제의하다

Mr. Miller is one of the leading **proponents** of the deal to merge Selkes Management and Kerry Capital.

an avid proponent of A A를 열렬히 지지하는 사람

ˢʸⁿ. advocate, champion, defender

---

23 오전 7시와 9시 사이에 시내 중심부에 있는 거리는 통근자들로 매우 붐빈다.
24 외상 후 스트레스 장애를 겪는 퇴역 군인들의 숫자가 지난 십 년간 상당히 증가했다.
25 사무실 전화 요금과 같은 일부 비용들은 세금 공제가 가능하므로 영수증을 모두 보관하세요.
26 Miller 씨는 Selkes Management와 Kerry Capital을 합병하기 위한 거래의 주요 지지자들 중 한 사람이다.

27 sanction
U.S. [sǽŋkʃən]

n. 제재, 처벌, 재가
v. 재가하다

sanctioner n. 허가해 주는 사람
sanctionable adj. 허가할 수 있는

The UN imposed tough **sanctions** on North Korea after the nation test fired another battery of missiles.

 기출 엿보기

give sanction to ~을 재가하다
economic sanctions 경제 제재
take sanctions against ~에게 제재 조치를 취하다

Syn. authorization, warrant, license, endorsement

28 liaison
U.S. [líːəzὰn/liːéizɔn]
U.K. [liéizɔn]

n. 연락책, 통신

liaise v. 연락을 하다

The city has every reason to celebrate because we are now a step closer to getting a film **liaison** office.

 기출 엿보기

establish liaison 관계를 맺다
a liaison between ~사이의 관계

Syn. contact, communication, connection, interchange

29 concerning
U.S. [kənsə́ːrniŋ]

prep. ~에 대한, ~와 관련된

concern v. 관계하다, 걱정시키다

Several problems **concerning** the safety of the oil pipeline have caused serious delays in construction.

 기출 엿보기

concerning the revised schedule 변경된 일정에 관해

Syn. regarding, about, respecting, relating to

30 surcharge
U.S. [sə́ːrtʃὰːrdʒ]

n. 특별 요금, 할증금

Air passengers will likely have to pay a fuel **surcharge** for several more months, even though the price of oil is dropping.

기출 엿보기

a surcharge on ~에 대한 세금
add a surcharge to ~에 추가 요금을 덧붙이다
impose a surcharge (on) 추징금을 부과하다

Syn. cost, expense, payment, price

---

27 UN은 북한이 일련의 미사일을 또 발사한 이후 북한에 강력한 제재 조치를 했다.
28 그 도시는 이제 우리가 필름 연락 사무소를 여는 데 한 걸음 더 가까이 갔기 때문에 축하할 만한 충분한 이유가 있다.
29 송유관의 안전성에 대한 여러 문제점들 때문에 건설이 상당히 지연되었다.
30 석유 가격이 떨어지고 있지만 항공기 승객들은 몇 개월 더 유류 할증료를 내야 할 수도 있다.

Check-up ◀

🎧 Listen and fill in the blanks with the correct words. Ⓜ MP3

01 GBF Industries exceeded second quarter revenue _____ by generating over $130 million in profits.

02 We would also need to provide direct access to the airport, not like the twisting roads that _____ the city.

03 According to many gastronomy experts, Tokyo has unseated Paris as the world's _____ capital.

04 Political opponents were predicting the _____ of the government on Sunday, one week before the release of the UN report.

05 The accused is free to _____ his constitutional right not to incriminate himself—also known as "taking the fifth."

06 The minority government will have to _____ with the opposition if it wants to pass the bill.

07 Some expenses, for example office telephone bills, are tax _____, so you should keep all reciepts.

08 Mr. Miller is one of the leading _____ of the deal to merge Selkes Management and Kerry Capital.

09 Several problems _____ the safety of the oil pipeline have caused serious delays in construction.

10 Air passengers will likely have to pay a fuel _____ for several more months, even though the price of oil is dropping.

---

01 GBF 산업은 수익을 1억 3천만 달러 이상 창출함으로써 2분기 예상 실적을 초과했다. 02 우리는 또한 도시를 둘러싼 구불구불한 도로가 아닌 공항으로 가는 직접적인 노선을 제공해야 한다. 03 많은 요리 전문가들에 따르면, 도쿄는 세계 요리의 수도로서의 파리의 자리를 빼앗았다. 04 정적들은 유엔 보고의 발표 일주일 전인 일요일에 정부의 몰락을 예견하고 있었다. 05 피고인은 '묵비권 행사의 권리'라고도 알려진 자신을 불리하게 하지 않을 헌법상 권리를 자유롭게 주장할 수 있다. 06 소수당 정부가 그 법안을 통과시키고 싶다면 야당과 타협해야 할 것이다. 07 사무실 전화 요금과 같은 일부 비용들은 세금 공제가 가능하므로 영수증을 모두 보관하세요. 08 Miller 씨는 Selkes Management와 Kerry Capital을 합병하기 위한 거래의 주요 지지자들 중 한 사람이다. 09 송유관의 안전성에 대한 여러 문제점들 때문에 건설이 상당히 지연되었다. 10 석유 가격이 떨어지고 있지만 항공기 승객들은 몇 개월 더 유류 할증료를 내야 할 수도 있다.

 MP3

01 **counterfeit**

 [U.S.] [káuntərfeit]

adj. 위조된, 가짜의
v. 위조하다
n. 가짜, 모조품

All of our customer service representatives should be trained on how to identify **counterfeit** currency.

기출 엿보기   counterfeit items 복제품

Syn.   forged, counterfeit, spurious

---

02 **inflexible**

[U.S.] [infléksəbəl]

adj. 구부러지지 않는, 경직된

inflexibleness n. 구부러지지 않음, 융통성 없음

The government, for its part, has said nurses have been **inflexible** with complex pay and benefit demands.

기출 엿보기   inflexible in ~에 있어서 융통성이 없는
an inflexible remedy 확실한 치료

Syn.   adamant, determined, firm, hard

---

03 **undeservedly**

[U.S.] [ʌndizə́ːrvdly]

adv. 부당하게, 하찮게

undeserved adj. 부당한

Westfield was one of the biggest talents of the festival but had an **undeservedly** small audience due to the weather.

---

04 **envision**

[U.S.] [invíʒən]

v. 상상하다, 마음속에 그리다

It's hard to **envision** anyone paying that much for a company that lost close to $100 million last year.

기출 엿보기   exactly the way you envision 정확히 당신이 상상한 그대로

Syn.   imagin, vision, conceive

---

01   우리 고객 서비스 담당자들은 모두 위조 지폐 감별법에 대해 훈련받을 것이다.
02   정부는 간호사들이 까다로운 임금과 복지 혜택 요구에 단호한 입장을 취한다고 말했다.
03   Westfield 씨는 그 축제에서 가장 재능있는 사람 중 하나였으나 억울하게도 날씨 때문에 관객이 적었다.
04   작년에 1억만 달러 가까이 손실을 본 회사에 누군가가 그렇게 많은 돈을 지불한다는 것은 상상하기 힘든 일이다.

176

05 proprietor

[U.S.] [prəpráiətər]

n. (상점 · 토지 등의) 소유자, 경영자

The **proprietor** of this establishment should be made aware that a truck is blocking the emergency fire exit.

기출 엿보기 🔍 a landed proprietor 지주
the proprietor of a hotel 호텔의 경영자

[Syn.] owner, holder, landlord

---

06 splendid

[U.S.] [spléndid]

adj. 화려한, 멋진

splendor n. 화려함, 장관

The cabin has a **splendid** view of the lake and mountain range just beyond the edge of town.

기출 엿보기 🔍 a splendid achievement 뛰어난 업적
a splendid dinner[holiday] 멋진 저녁 식사[휴가]

[Syn.] excellent, wonderful, marvellous, great

---

07 sternly

[U.S.] [stə́:rnli]

adv. 엄격하게

stern adj. 엄격한

Police warned that authorities would deal **sternly** with demonstrations that are expected in the city during the G20.

기출 엿보기 🔍 sternly criticize 호되게 비난하다

[Syn.] intensely, rigorously, roughly, seriously

---

08 precede

[U.S.] [pri:sí:d]

v. 앞서다, 선행하다

precedence n. 앞에 있음, 선행, 상위
precedent adj. 이전의, 앞의

The model is based on economic time-series data that fluctuates with the business cycle, but which **precedes** the business cycle.

기출 엿보기 🔍 be preceded by ~을 앞세우다

[Syn.] go before, antedate, go ahead of, lead

---

09 cutback

[U.S.] [kʌ́tbæ̀k]

n. 삭감, 축소

Novotel stock hit a record low this afternoon in trading amid plans for **cutbacks** and asset sales.

기출 엿보기 🔍 a cutback in ~의 삭감
with the numerous staffing cutbacks 빈번한 인원 감축

[Syn.] abatement, lowering, decline, reduction

---

05 이 시설의 소유자에게 트럭 한 대가 화재 비상 출구를 막고 있다는 것을 알려주어야 한다.
06 그 오두막 집은 마을 끝자락 너머의 호수와 산맥의 장관을 볼 수 있다.
07 경찰은 당국이 G20 기간에 도시에서 있을 것으로 보이는 시위에 엄격하게 대응할 것이라고 경고했다.
08 그 모형은 비즈니스 사이클에 따라 변동하는 경제 시계열 자료에 기초를 두고 있지만 비즈니스 사이클보다는 앞선다.
09 Novotel 주식은 삭감과 자산 매각을 계획하면서 오늘 오후 거래 시장에서 최저치를 기록했다.

10 miniature

U.S. [mínɪətʃər]
U.K. [mínətʃə]

adj. 소형의, 소규모의

miniaturize v. 축소화하다

The kits include a laser cutter, computer-controlled wood router, and a **miniature** mill for drilling circuit boards.

기출 엿보기 in miniature 축소 모형으로
miniature keyboard 소형 키보드

Syn. small, little, minute, tiny

11 refresh

U.S. [rɪfréʃ]

v. (기억 등을) 새롭게 하다

refreshment n. 원기 회복, 휴양

As soon as I got to the hotel I took a cold shower to **refresh** myself.

기출 엿보기 feel refreshed 기분이 상쾌하다
take showered to be refreshed
기력을 회복하려고 샤워를 하다

Syn. revive, freshen, revitalize, enliven

12 dispatch

U.S. [dɪspǽtʃ]

n. 화물 운송 대리점, 급파, 급보
v. 급파하다, 서두르다

Among the latest **dispatches** was a CNR report of an outbreak of fighting in the border regions.

기출 엿보기 with dispatch 신속히, 재빠르게
dispatch to ~으로 발송하다, 파견하다
dispatch from ~에서 발송하다, 파견하다

Syn. send, post, mail, transmit, convey

13 distrustful

U.S. [dɪstrʌ́stfəl]

adj. 신용하지 않는, 의심이 많은

distrust v. 신용하지 않다, 의심하다
distrustfully adv. 의심스럽게

The four scientists grew increasingly **distrustful** of each other, fearful that one would take credit for the discovery.

기출 엿보기 distrustful of ~을 의심하는
be distrustful 의심이 많다

Syn. cautious, cynical, doubtful

---

10 그 세트에는 레이저 절단기, 컴퓨터로 제어하는 목재 라우터, 그리고 회로기판에 구멍을 뚫기 위한 소형 분쇄기가 들어 있다.
11 나는 호텔에 도착하자마자 기분을 상쾌하게 하기 위해 차가운 물로 샤워를 했다.
12 최신 급보들 가운데 국경 지역의 전투 발생에 대한 CNR 보고가 있었다.
13 네 명의 과학자들은 그들 중 한 명이 그 발견물에 대해 공을 인정받을까 두려워하며 서로를 점점 불신했다.

14 **drape**

U.S. [dreip]

v. (천 등으로) 걸치다, 꾸미다

To make a ghost costume in a hurry, take a white bed sheet and **drape** it over your child.

기출
엿보기

drape A with B B로 A를 감싸다, 치장하다
drape over the table 테이블을 씌우다

syn. cover, wrap, fold, swathe

---

15 **disposable**

U.S. [dispóuzəbəl]

n. (pl.) 일회용품
adj. 일회용의, 한번 쓰고 버리는

dispose v. 처리하다, 처분하다
disposition n. 처분, 배열

With little regard for the environment, more and more families are using **disposables** over washable nappies.

기출
엿보기

disposable cameras 일회용 카메라
disposable products 일회용 물건

---

16 **grueling**

U.S. [gru:əliŋ]

adj. 엄한, 기진맥진케 하는

gruelingly adv. 엄하게

The tennis star withdrew from the Japan Open on Friday, saying he needed to rest after a **grueling** season.

기출
엿보기

a gruelling trial 녹초가 되게 만드는 시련

syn. exhausting, demanding, tiring, severe

---

17 **adjourn**

U.S. [ədʒɔ́:rn]

v. 연기하다, 휴회하다, 연기되다

adjournment n. 연기, 회의, 휴회

The meeting will be **adjourned** until after lunch, at which point we will discuss several important issues.

기출
엿보기

adjourn for ~을 위해 휴회하다
adjourn to ~로 자리를 옮기다

syn. suspend, postpone, put off, delay

---

14 유령 의상을 빨리 만들려면 하얀 침대 시트를 아이에게 두르세요.
15 환경을 거의 고려하지 않고 점점 더 많은 가정들이 빨아 쓸 수 있는 기저귀보다 일회용 기저귀를 사용하고 있다.
16 테니스 스타는 힘들었던 시즌 이후 휴식이 필요했다고 말하면서 금요일 Japan Open에서 물러났다.
17 회의는 점심 이후로 연기될 것이며 여러 중요한 현안들에 대해 논의할 것이다.

18 exposition

U.S. [èkspəzíʃən]

n. 전시회, 박람회

expository adj. 설명적인, 해설적인

When the Montreal Universal and International **Exposition** of 1967 opened on April 27, it was a dazzling international success.

 hold an exposition 박람회를 열다
attend a computer exposition 컴퓨터 박람회에 참석하다

Syn. show, demonstration, display, exhibition

19 hectic

U.S. [héktik]

adj. 야단법석인, 매우 바쁜

Stock markets from Europe to Asia took a breather yesterday after the **hectic** pace of the past week.

기출 엿보기 have a hectic life 몹시 분주한 하루를 보내다
get away from the hectic city 바쁜 도시에서 벗어나다

Syn. frantic, chaotic, animated, turbulent

20 respire

U.S. [rispáiər]

v. 호흡하다, 휴식하다

respirator n. 방독면

The fish spend time near the surface of the water, where the carbon dioxide they **respire** moves easily back into the atmosphere.

Syn. exhale, inhale, oxidate

21 landfill

[lǽndfil]

n. 쓰레기 매립지

A large fire at the regional **landfill** forced residents to stay indoors because of fears that the smoke could be toxic.

 toxic chemicals dumped at landfill sites 매립지에 버려진 유독성 화학 물질

Syn. disposal area, dumping ground, garbage lot

22 infallible

U.S. [infǽləbl]

adj. 틀림없는, 확실한

infallibility n. 무과실성, 절대 확실

It's chilling to realize that GPS technology is far from **infallible**, because our safety so often depends on it.

기출 엿보기 infallible in ~에 있어서 오류가 없는

---

18 1967년 몬트리올 만국 박람회가 4월 27일 열렸을 때 그것은 눈부신 국제적 성공을 거두었다.

19 어제 유럽에서 아시아까지 주식 시장들은 분주한 속도로 달렸던 지난주 이후 숨 고르기를 했다.

20 물고기는 수면 근처에서 시간을 보내는데 거기서 호흡하는 이산화탄소는 쉽게 대기로 빠져나간다.

21 지역 매립지에서 발생한 대형 화재로 주민들은 연기에 독성이 있을 수 있다는 두려움 때문에 실내에 있어야 했다.

22 GPS 기술에 오류가 있을 수 있다는 것을 깨닫는 것은 우리의 안전을 너무나 많이 그것에 의존하고 있기 때문에 소름 끼치는 일이다.

23 discharge
[U.S.] [distʃáːrdʒ]

v. 해고하다, 짐을 부리다

discharger n. 짐 부리는 사람(기계), 배출 장치, 해고하는 사람

dischargeable adj. 해고할 수 있는, 배출할 수 있는

Newly **discharged** patients must be escorted to the lobby by wheelchair and be signed out by the duty nurse.

기출 엿보기 discharge for ~로 면직시키다
discharge from ~에서 내보내다

Syn. fire, dismiss, expel

24 landlord
[U.S.] [lǽndlɔ̀ːrd]

n. 집주인, 지주

landlordly adj. 지주의

A civic committee in Orlando has rejected a **landlord**'s appeal to force tenants out of two downtown apartment buildings.

기출 엿보기 notify the landlord of the pest 집주인에게 해충 문제를 알리다

Syn. owner, proprietor, householder

25 charismatic
[U.S.] [kæ̀rizmǽtik]

adj. 카리스마적인

charismatically adv. 카리스마 있게

Following her retirement, several friends of Mrs. Clarin had a lighthearted discussion about her **charismatic** personality.

Syn. charming, appealing, attractive, influential

26 ministry
[U.S.] [mínistri]

n. 내각, (행정부의) 부서

The **Ministry** of Health does not want overcrowded hospitals to send critically ill patients to smaller clinics.

기출 엿보기 The ministry of Health and welfare 보건 복지부
the collapse of a ministry 내각의 붕괴

Syn. administration, council, authority

---

23 새로 퇴원하는 환자들은 휠체어를 타고 로비까지 안내받아야 하며 근무 간호사의 서명을 받아야 한다.
24 Orlando의 시민 위원회는 시내 아파트 두 곳에서 세입자들을 내보내려는 집주인의 청원을 거절했다.
25 Clarin 씨가 물러난 이후 여러 친구들은 그녀의 카리스마 있는 성격에 대해 가벼운 대화를 나누었다.
26 보건부는 환자들로 꽉 찬 병원들이 위독한 환자를 작은 병원으로 보내는 것을 원치 않는다.

27 remnant

u.s. [rémnənt]

n. 흔적, 나머지

remnantal adj. 나머지의, 잔여의

Scientists say a faint burst of radiation discovered last week is the **remnant** of a massive stellar explosion.

기출 엿보기 🔍 remnant of A A의 흔적

Syn. remainder, remains, fragment, scrap

---

28 workmanship

u.s. [wɔ́ːrkmənʃìp]

n. 솜씨, 기술

China defended itself, saying a mass recall of toys was not a result of poor Chinese **workmanship**.

기출 엿보기 🔍 poor[shoddy] workmanship 형편없는 솜씨
delicate[exquisite, fine] workmanship 섬세한 솜씨

Syn. artisanship, artistry, artwork, craft

---

29 willingly

u.s. [wíliŋli]

adv. 기꺼이, 흔쾌히

willing adj. 기꺼이 ~하는

Horse trainers are taught to use their natural instincts so that each horse **willingly** accepts the training process.

기출 엿보기 🔍 work willingly to complete the tasks
기꺼이 직무를 완수하려 하다

Syn. absolutely, cheerfully, freely, readily

---

30 lawsuit

u.s. [lɔ́ːsùːt]

n. 소송, 고소

The number of wrongful death **lawsuits** brought against the hospital has increased markedly in recent years.

기출 엿보기 🔍 a class-action lawsuit 집단 소송
enter[bring in] a lawsuit against ~에 대해 소송을 일으키다

Syn. case, action, trial, suit

---

27 과학자들은 지난주에 발견된 희미한 방사선 폭발이 거대한 항성 폭발의 잔여물이라고 말한다.
28 중국은 장난감의 대량 리콜이 중국인들의 기술 부족의 결과는 아니라고 옹호했다.
29 조마사들은 각각의 말이 훈련 과정을 기꺼이 받아들일 수 있도록 선천적인 본능을 사용하도록 배운다.
30 그 병원을 상대로 제기된 불법 사망 소송이 최근 들어 현저히 증가했다.

Check-up

🎧 Listen and fill in the blanks with the correct words. 🎧MP3

01 The government, for its part, has said nurses have been _____ with complex pay and benefit demands.

02 The _____ of this establishment should be made aware that a truck is blocking the emergency fire exit.

03 The cabin has a _____ view of the lake and mountain range just beyond the edge of town.

04 Novotel stock hit a record low this afternoon in trading amid plans for _____ and asset sales.

05 Among the latest _____ was a CNR report of an outbreak of fighting in the border regions.

06 With little regard for the environment, more and more families are using _____ over washable nappies.

07 The meeting will be _____ until after lunch, at which point we will discuss several important issues.

08 Newly _____ patients must be escorted to the lobby by wheelchair and be signed out by the duty nurse.

09 Following her retirement, several friends of Mrs. Clarin had a lighthearted discussion about her _____ personality.

10 China defended itself, saying a mass recall of toys was not a result of poor Chinese _____.

01 정부는 간호사들이 까다로운 임금과 복지 혜택 요구에 단호한 입장을 취한다고 말했다. 02 이 시설의 소유자에게 트럭 한 대가 화재 비상 출구를 막고 있다는 것을 알려주어야 한다. 03 그 오두막 집은 마을 끝자락 너머의 호수와 산맥의 장관을 볼 수 있다. 04 Novotel 주식은 삭감과 자산 매각을 계획하면서 오늘 오후 거래 시장에서 최저치를 기록했다. 05 최신 급보들 가운데 국경 지역의 전투 발생에 대한 CNR 보고가 있었다. 06 환경을 거의 고려하지 않고 점점 더 많은 가정들이 빨아 쓸 수 있는 기저귀보다 일회용 기저귀를 사용하고 있다. 07 회의는 점심 이후로 연기될 것이며 여러 중요한 현안들에 대해 논의할 것이다. 08 새로 퇴원하는 환자들은 휠체어를 타고 로비까지 안내받아야 하며 근무 간호사의 서명을 받아야 한다. 09 Clarin 씨가 물러난 이후 여러 친구들은 그녀의 카리스마 있는 성격에 대해 가벼운 대화를 나누었다. 10 중국은 장난감의 대량 리콜이 중국인들의 기술 부족의 결과는 아니라고 옹호했다.

Day 20 183

Review Test
Choose the best answer and complete the sentence.

01 Workers complained that they were housed in a _____ apartment, which was full of old furniture.

(A) deviated   (B) deflated   (C) demoralized   (D) dilapidated

02 The long-distance runner from Uganda suffered _____ torn knee ligaments during practice on Thursday.

(A) admiringly   (B) partially   (C) mostly   (D) substantially

03 It is highly improper to entertain politicians and public servants involved in the _____ of goods and services.

(A) disbursement   (B) procurement   (C) detachment   (D) consignment

04 As broadband networks _____, high-definition movie download services are bound to spring up.

(A) prosecute   (B) precede   (C) proliferate   (D) procrastinate

05 Software engineers learned that in many cases all a Web searcher wants is a simple answer to a _____ question.

(A) straightforward   (B) dilapidated   (C) intermediate   (D) inordinate

06 Seoul has said its military was prepared to "respond _____" to any North Korean provocation.

(A) sternly   (B) improperly   (C) rashly   (D) emphatically

07 The bondholders say that there should be a _____ of bonds, which some estimates say would exceed $1 billion.

(A) imperfection   (B) redemption   (C) exposition   (D) deduction

08 Many of the containers are _____ because they are far underground and mixed with other garbage in the landfill.

(A) inflexible   (B) irretrievable   (C) reversible   (D) legible

01 근로자들은 낡은 가구들로 가득한 허물어져 가는 아파트에서 숙박한다고 불평했다. 02 우간다에서 온 장거리 선수는 목요일 연습 중에 무릎 인대 부분 파열을 앓았다. 03 상품과 서비스 조달에 참여한 정치인과 공무원을 접대하는 것은 매우 부적절하다. 04 광대역 네트워크가 확산됨에 따라 고화질 영화 다운로드 서비스가 생겨나기 시작할 것이다. 05 소프트웨어 엔지니어들은 많은 경우에 웹 검색자가 원하는 것은 솔직한 질문에 대한 단순한 답변이라는 것을 알았다. 06 서울은 군 당국이 북한의 어떠한 자극에도 '엄격하게 대응할' 준비가 되어 있다고 말했다. 07 채권 소유자들은 일부 평가에서 말하듯 십억 달러를 초과하는 채권 상환이 있을 것이라고 말한다. 08 컨테이너 상당수는 지하 깊숙이 있고 매립지의 다른 쓰레기와 섞여 있어서 회복 불가능하다.

09 The coach reportedly said he would not _____ from the game plan of defense first.

(A) dilate   (B) perturb   (C) proceed   (D) deviate

10 The new trainees _____ accepted the late night meetings as they wanted to be hired permanently.

(A) willingly   (B) fleetingly   (C) gorgeously   (D) assertively

11 Iraqi Kurds are _____ of the international community for failing to protect them in the past.

(A) splendid   (B) marvelous   (C) impartial   (D) distrustful

12 Before you can begin to act _____, you need to be able to identify your strengths.

(A) assertively   (B) emphatically   (C) impartially   (D) impractically

13 Airport screeners will _____ anything that can be used as a weapon, including tweezers and scissors.

(A) consecrate   (B) confiscate   (C) contest   (D) conceal

14 Businesses typically _____ when it comes to updating their infrastructure and sales equipment.

(A) infuriate   (B) procrastinate   (C) adjourn   (D) refurbish

15 Unfortunately, the negative effects of prolonged exposure to radiation are not _____ by medication.

(A) probationary   (B) reversible   (C) culinary   (D) hilarious

16 In a French court of law, a formal investigation _____ the actual bringing of charges.

(A) deflect   (B) shred   (C) encircle   (D) precedes

---

09 보도에 따르면 그 코치는 수비 우선 경기 전략에서 벗어나지는 않을 것이라고 말했다. 10 새로운 연수생들은 정규직으로 고용되기를 원하기 때문에 늦은 밤 회의를 기꺼이 받아들였다. 11 이라크 쿠르드족은 과거에 자신들을 보호하는 데 실패했기 때문에 국제 사회를 불신한다. 12 단호하게 행동을 시작하기 전에 자신의 강점을 파악할 수 있어야 한다. 13 공항 검색 요원들은 핀셋과 가위를 포함하여 무기로 사용될 수 있는 것은 어떤 것이든 압수할 것이다. 14 사업체들은 기반 시설과 판매 장비를 개선하는 것에 있어서는 보통 꾸물거린다. 15 불행스럽게도 방사선에 장기간 노출된 부작용은 약물 치료로 되돌릴 수 없다. 16 프랑스 법정에서는 실제로 죄를 묻기 전에 공식적 수사가 선행된다

Answers

Day 01
01 illegal
02 exceedingly
03 adverse
04 acute
05 certify
06 delinquent
07 implications
08 furnished
09 impede
10 succinct

Day 02
01 prerequisites
02 display
03 audit
04 appropriately
05 colliding
06 defer
07 extend
08 flourish
09 improvise
10 susceptible

Day 03
01 parallels
02 aligning
03 discrepancy
04 cautious
05 exceptional
06 increment
07 inaugurate
08 occurrence
09 temporarily
10 subsequent

Day 04
01 acclaim
02 particularly
03 concurrently
04 discretion
05 foreseeable

06 infer
07 obstructed
08 recollect
09 tentative
10 trustee

Day 05
01 appreciative
02 accuse
03 stringently
04 deteriorates
05 endorse
06 formalize
07 incur
08 reimbursement
09 reciprocal
10 supplement

Day 06
01 commercially
02 monetary
03 perishable
04 pitfalls
05 quotation
06 indicative
07 unfavorable
08 suspension
09 surpassed
10 overhaul

Day 07
01 concise
02 generously
03 infringement
04 engrave
05 unprecedented
06 require
07 prevalence
08 interactive
09 pertinent
10 ineptitude

Day 08
01 assess
02 conserve

03 dissolve
04 protocols
05 preventatives
06 retain
07 inoperative
08 attentive
09 pertain
10 decentralize

Day 09
01 inherent
02 constitute
03 perception
04 diversify
05 excels
06 versatile
07 identified
08 profitability
09 confirmation
10 falsify

Day 10
01 complications
02 compile
03 predictable
04 dwindled
05 jointly
06 request
07 collate
08 consequential
09 dissipate
10 symmetrical

Day 11
01 contingent
02 accumulated
03 preparatory
04 preamble
05 selected
06 reliant
07 promotional
08 poised
09 insinuate
10 plenary

Day 12

01 precise
02 preside
03 stagnant
04 sequels
05 incident
06 monopolize
07 outpace
08 incumbent
09 convene
10 collision

Day 13

01 preferential
02 predecessor
03 speculation
04 appraise
05 penalize
06 retrieve
07 convert
08 inclusive
09 private
10 retrospective

Day 14

01 cordial
02 instructional
03 preliminary
04 numerate
05 strategize
06 propelled
07 accommodating
08 conception
09 compilation
10 proxy

Day 15

01 cordially
02 rebounded
03 enumerate
04 irritate
05 collector
06 avid
07 stack
08 prototype

09 Repetitive
10 excursion

Day 16

01 emphatically
02 crates
03 substantially
04 proceed
05 conceal
06 deflect
07 assertive
08 inordinate
09 submission
10 allocate

Day 17

01 impartial
02 improperly
03 upscale
04 assertively
05 redemption
06 legible
07 refurbished
08 coherent
09 encryption
10 adjustments

Day 18

01 impractical
02 Meanwhile
03 profile
04 fleetingly
05 assurances
06 probationary
07 irreversible
08 disbursement
09 vigorous
10 coalition

Day 19

01 projections
02 encircle
03 culinary
04 downfall
05 invoke

06 compromise
07 deductible
08 proponents
09 concerning
10 surcharge

Day 20

01 inflexible
02 proprietor
03 splendid
04 cutbacks
05 dispatches
06 disposables
07 adjourned
08 discharged
09 charismatic
10 workmanship

▶ Review Test

Week 1

01 (B)	02 (D)	03 (B)	04 (A)
05 (A)	06 (B)	07 (C)	08 (A)
09 (D)	10 (A)	11 (A)	12 (B)
13 (A)	14 (A)	15 (B)	16 (A)

Week 2

01 (C)	02 (A)	03 (B)	04 (A)
05 (A)	06 (A)	07 (B)	08 (D)
09 (C)	10 (B)	11 (B)	12 (B)
13 (A)	14 (A)	15 (A)	16 (B)

Week 3

01 (D)	02 (D)	03 (A)	04 (A)
05 (B)	06 (A)	07 (B)	08 (A)
09 (B)	10 (C)	11 (B)	12 (A)
13 (A)	14 (B)	15 (C)	16 (A)

Week 4

01 (D)	02 (B)	03 (B)	04 (C)
05 (A)	06 (A)	07 (B)	08 (B)
09 (D)	10 (A)	11 (D)	12 (A)
13 (B)	14 (B)	15 (B)	16 (D)

토익 보카 공부하는 방법

토익
900⁺

필수보카

Appendix

짝지어 다니는 중요 빈출 어휘 330선

770

880

990

TOEIC 시험에는 늘 전치사와 짝을 지어 사용하는 단어들이 많이 등장한다. 전치사 혹은 이와 함께 사용되는 동사, 명사, 형용사 등에 빈칸을 두고 정답을 찾는 문제가 출제되므로 전치사 관련 어구를 암기하는 것은 TOEIC 만점 달성에 필수 관문이다. 지난 10년간 TOEIC 시험에 출제된 전치사 관련 어구 중 자주 출제되는 것만 뽑아 만든 리스트이다. 시험 전 암기하여 990점 만점을 향해 달려가자!

중요 빈출 〈동사 + 전치사〉

1 **abide by** ~을 지키다

2 **account for**
   ① ~에 대해 설명하다(=explain)
   ② ~의 비율을 차지하다(=make up)

3 **add A to B** A를 B에 첨가하다

4 **adhere to** ~을 고수하다

5 **agree with[to, on]** ~에 동의하다

6 **aim at** ~을 목적으로 하다

7 **allow for** ① ~을 고려하다 ② 허용하다

8 **apologize for[to]** ~에 대해[~에게] 사과하다

9 **appeal to** ~의 흥미를 끌다

10 **apply for** ~에 지원하다, 신청하다

11 **apply to** ~을 적용하다

12 **approve of** 찬성하다

13 **arrive at** ~에 도착하다

14 **ask for** ~을 부탁하다

15 **assist with[in]** 도와주다

16 **assure A of B** A에게 B에 대해 안심시키다

17 **attach A to B** A를 B에 첨부하다

18 **attend to** 주목하다

19 **attribute A to B** A를 B의 탓으로 돌리다

20 **belong to** ~에 속해 있다

21 **benefit from**
   ~로부터 혜택을 받다, ~에서 이득을 보다

22 **beware of** 주의하다

23 **bring about** (결과를) 초래하다

24 **bring in** (이자·이익을) 가져오다

25 **call for** ~을 요구하다, ~을 가지러 가다

26 **care for** 돌보다

27 **check A for B** A를 확인하고자 B를 검사하다

28 **collaborate on[in]** ~에 협력하다

29 **collect[obtain] A from B**
   B로부터 A를 수집하다

30 **come across** ~와 마주치다

31 **come up with** ~을 제안하다, ~을 따라잡다

32 **commence with[by]** ~으로 시작하다

33 **comment on**
   ~에 대해 의견을 말하다, 비평하다

34 **compare A with B** A와 B를 비교하다

35 **compensate A for B**
   A에게 B에 대해 보상하다

36 **compete for** ~을 위해 경쟁하다

37 **complain (to A) about B**
   (A에게) B에 관해서 불평하다

38 **comply with** ~을 따르다, 준수하다

39 **concentrate on** ~에 집중하다

40 **confuse A with B** A를 B와 혼동하다

41 **consist of**
   ~로 구성되어 있다(= be composed of)

42 **consult A about B**
   A에게 B에 대해 조언[의견, 상담]을 요청하다

43 **contend with** ~와 싸우다, ~와 논쟁하다

44 **contrast A with B** A를 B와 대조하다

45 **contribute A to B**
   A를 B에 기부하다, 공헌하다

46 **convince A of B** A에게 B를 확신시키다

47 **cooperate with[in]** ~와[~에 대해] 협력하다

48 **cope with** ~에 대항하다, 맞서다

49 **count on** ~에 기대하다, 의지하다

50 **deal with** ~을 다루다

51 **depend on** ~에 달려 있다

52 **differ from[in]** ~와[~에 대해] 다르다

53 **direct[conduct, lead, escort] A to B**
A를 B로 안내하다

54 **dispose of** ~을 처분하다

55 **dissuade A from B**
A가 B하지 않도록 설득하다

56 **distinguish A from B** A를 B와 구분하다

57 **distribute A between[among] B**
B에게 A를 배분하다, 나누어주다

58 **entitle A to B** A에게 B의 자격을 부여하다

59 **exchange A for B** A를 B로 교환하다

60 **exclude A from B** A를 B에서 제외하다

61 **experiment with** ~에 대해 실험하다

62 **fill A with B** A를 B로 채우다

63 **focus on** ~에 초점을 맞추다

64 **glance at** ~을 힐끗 보다

65 **graduate from** (학교를) 졸업하다

66 **hand in** ~을 제출하다

67 **head for** ~로 향하다

68 **hear from** ~로부터 소식을 듣다

69 **incorporate A into B**
A를 B에 통합시키다, A를 B에 반영시키다

70 **inform A of B** A에게 B를 알려주다

71 **insist on** ~을 주장하다

72 **interfere with** ~을 방해하다

73 **invest (A) in** (A를) ~에 투자하다

74 **keep from** ~하는 것을 금하다, ~을 삼가다

75 **laugh at** ~을 보고 웃다

76 **lead to** ~을 초래하다, ~에 이르게 하다

77 **leave[start, head] for** ~로 출발하다

78 **lie in** ~에 있다, ~에 달려 있다

79 **listen to** ~을 듣다

80 **look after** 돌보다

81 **look for** ~을 찾다(= search for)

82 **move to** ~로 이사가다

83 **narrow down A to B** A를 B로 좁히다

84 **object to** ~에 반대하다

85 **order A from B** B에서 A를 주문하다

86 **participate in** ~에 참가하다, 참여하다

87 **prepare for** ~을 준비하다

88 **prevent [prohibit, stop, keep, refrain, hinder] A from B**
A가 B하는 것을 막다, A에게서 B를 금지하다

89 **provide A with B** A에게 B를 제공하다

90 **provide for** ~을 준비하다

91 **purchase A from B** B에서 A를 구입하다

92 **qualify for** ~의 자격을 얻다

93 **react to** ~에 반응하다

94 **recover from** ~에서 회복하다, 되찾다

95 **refer to** ~을 참조하다

96 **refrain from** ~을 삼가다

97 **regard A as B** A를 B로 여기다, 간주하다

98 **rely on** ~에 의존하다

99 **remind A of B** A에게 B를 생각나게 하다

100 **remove A from B** B에서 A를 제거하다

101 **reply to** ~에 대답하다

102 **resign from** ~에서 물러나다

103 **respond to** ~에 응답하다

104 **result from** ~의 결과이다

105 **result in** ~한 결과를 낳다, 초래하다

106 **return to** ~로 돌아가다

107 **reward A with B** A에게 B를 포상하다

108 **run into** ~와 충돌하다

109 **save A on B**

B에 대해서 A만큼의 돈을 절약하다

110 **schedule A for B** A를 B로 예정을 잡다

111 **search A for B** B를 찾으려고 A를 조사하다

112 **share A with B** A를 B와 공유하다

113 **speak about** ~에 대해 말하다

114 **speak to[with]+사람** ~와 말하다

115 **specialize in** ~을 전문으로 하다

116 **spend 시간ㆍ돈 on -ing**
~하는 데 시간ㆍ돈을 쓰다

117 **stand behind** 후원하다

118 **stand for** ~을 나타내다, 대리하다

119 **stare at** ~을 응시하다

120 **stick to** ~을 지키다, 고수하다

121 **stop by** 잠시 들르다

122 **submit A to B** A를 B에게 보내다, 제출하다

123 **subscribe to** ~을 신청하다, 구독하다

124 **substitute A for B** B 대신에 A를 쓰다

125 **succeed in** ~에 성공하다

126 **suffer from** ~로부터 고생하다

127 **supply A with B** A에게 B를 공급하다

128 **take on** 고용하다, (일ㆍ역할을) 맡다

129 **talk to[with]+사람** ~와 얘기하다

130 **tell[separate, distinguish] A from B**
A를 B와 구별하다, 식별하다

131 **tend to** ~하는 경향이 있다

132 **thank A for B** A에게 B에 대해 감사하다

133 **think of[about]** ~을 생각하다

134 **transfer A to B** A를 B에게 보내다, 전가하다

135 **translate (from) A into B**
A를 B로 번역하다

136 **turn A into B**
A를 B로 바꾸다(=transform, convert)

137 **vote against** ~에 반대 투표하다

138 **vote for** ~에 찬성 투표하다

139 **wait for** ~를 기다리다

140 **work as** ~로서 일하다

■ 중요 빈출 〈be동사 + 형용사 + 전치사〉

[about]

141 **be concerned about[for, over]**
~을 걱정하다

142 **be confident about** ~에 자신이 있다

143 **be crazy about** ~에 반하다, 푹 빠지다

144 **be enthusiastic about** ~에 열광적이다

145 **be uncertain about**
~에 관해 확신하지 않다

[for]

146 **be accountable for** ~에 책임이 있다

147 **be accounted for** 설명되다

148 **be adequate for** ~에 적합하다

149 **be appropriate for** ~에 적합하다, 적절하다

150 **be blamed for** ~에 대해 비난받다

151 **be care for** 보살핌을 받다

152 **be convenient for** ~에 편리하다

153 **be eligible for** ~에 자격이 있다

154 **be honored for** ~에 대해 표창을 받다

155 **be ideal for** ~에 이상적이다

156 **be inadequate for** ~에 부적합하다

157 **be known for** ~로 유명하다

158 **be necessary for** ~에 필요하다

159 **be noted for** ~로 유명하다

160 **be responsible for** ~에 책임이 있다

161 **be sufficient for** ~에 충분하다

162 **be suitable for** ~에 적합하다

163 **be valid for** ~에 유효하다, 타당하다

[in]

164 **be engaged in** ~에 종사하다

165 **be included in** ~에 포함되다

166 **be interested in** ~에 관심이 있다

167 **be involved in** ~에 연루되다

[of]

168 **be afraid of** ~을 두려워하다

169 **be appreciative of** ~에 감사하다

170 **be aware of** ~을 인식하다, 알다

171 **be capable of** ~에 유능하다(= be able to)

172 **be cognizant of** ~을 알다

173 **be comprised of** ~으로 구성되어 있다

174 **be confident of** ~에 자신 있다

175 **be conscious of** ~을 인식하다

176 **be consisted of** ~로 이루어져 있다

177 **be convinced of** ~을 확신하다

178 **be critical of** ~을 비난하다, 꾸짖다

179 **be desirous of** ~을 갈망하다

180 **be full of** ~로 가득차다

181 **be incapable of** ~할 능력이 없다

182 **be indicative of** ~을 나타내다, 표시하다

183 **be made of** ~으로 만들어지다

[with]

184 **be acquainted with**
~와 알고 지내다, ~을 잘 알다

185 **be associated with** ~와 연합하다, 연계되다

186 **be commensurate with**
~와 잘 맞다, 비례하다

187 **be comparable with** ~에 비교하다

188 **be compatible with**
~에 부합하다, 호환되다

189 **be complete with** ~을 갖추다, 완비하다

190 **be concerned with**
~와 관련이 있다, ~에 영향을 받다

191 **be consistent with** ~와 조화를 이루다

192 **be content with** ~에 만족하다

193 **be correspondent with**
~에 일치[부합]하다

194 **be covered with** ~로 덮여 있다

195 **be disappointed with** 실망하다

196 **be equipped with** ~을 갖추고 있다

197 **be faced with** ~에 직면해 있다

198 **be filled with** ~로 가득 차 있다

199 **be pleased with** ~에 기뻐하다

200 **be satisfied with** ~에 만족하다

[to]

201 **be accustomed to** ~에 익숙하다

202 **be comparable to** ~에 필적하다

203 **be native to** ~ 출신이다

204 **be opposite to** ~와 반대되다, 마주보다

205 **be responsive to** ~에 대해 빠르게 반응하다

206 **be restored to** ~로 복구되다

207 **be subject to** ~의 영향을 받기 쉽다

208 **be submitted to** ~에 제출되다

209 **be superior to** ~보다 뛰어나다

[기타]

210 **be absent from** ~에 결석하다

211 **be accompanied by** ~을 동반하다

212 **be based on[upon]** ~에 기초하다

213 **be contingent on[upon]** ~에 달려 있다

214 **be surprised at[by]** ~에 놀라다

중요 빈출 〈전치사 + 명사〉

215 **as a result of** ~의 결과로서

216 **at a rapid rate** 빠른 비율로, 빠른 속도로

217 **at one's convenience** ~가 편리한 시간에

218 **at one's expense** ~의 비용으로

219 **at reasonable rates** 적당한 가격에

220 **at random** 무작위로, 함부로

221 **at regular intervals** 규칙적으로, 정기적으로

222 **beyond description[expression]** 설명할 수 없는

223 **beyond one's capability[control]** 능력[통제] 밖인

224 **beyond question[doubt, dispute]** 의심할 여지가 없는

225 **beyond repair** 고칠 수 없는

226 **for reference** 참고하려고

227 **for one's convenience** ~의 편의를 위해

228 **for safety reasons** 안전상의 이유로

229 **in a row** 연속해서

230 **in a timely manner** 시기 적절하게

231 **in advance** 미리

232 **in celebration of** ~을 축하하여

233 **in combination with** ~와 함께

234 **in detail** 상세하게

235 **in effect** 사실상, 효력 있는

236 **in error** 실수로

237 **in one's absence** ~가 부재 중인 동안에

238 **in part** 부분적으로

239 **in reply** ~의 응답으로서

240 **in search of** ~을 찾아서

241 **in short** 요약하여(= in summary)

242 **in summary** 요약하여

243 **in transit** 운송 중, 이동 중

244 **in writing** 서면으로

245 **on a regular basis** 규칙적으로, 정기적으로

246 **on arrival** 도착하는 즉시

247 **on demand** 요구가 있는 대로(= upon request)

248 **on schedule** 예정에 맞춰

249 **on site** 현장에서

250 **on the contrary** 반대로, 반면에

251 **on time** 제때, 정각에

252 **on[upon]+명사[동명사]** ~하자마자, ~하는 즉시

253 **through a survey** 조사를 통해서

254 **through the year** 1년 내내

255 **to an absolute minimum** 최소 한도로

256 **to one's satisfaction** ~가 만족스러울 만큼

257 **to the point** 명백하게

258 **under warranty** 보증 기간 중인

259 **until further notice** 추후 공지가 있을 때까지

260 **with no doubt** 의심할 바 없이

261 **with no exception** 예외 없이

262 **with the exception of** ~을 제외하고

중요 빈출 〈명사 + 전치사〉

263 **access to** ~에의 접근

264 **advance(s) in** ~의 발전

265 **advocate(s) of[for]** ~의 지지자, 옹호자

266 **approach to** ~의 접근

267 **commitment to** ~에 대한 헌신, 약속

268 **concern about[over, for, with]** ~에 대한 걱정

269 **confidence in** ~에서의 자신감

270 **consent of** ~의 동의

271 **decrease in** ~의 감소

272 **demand for** ~에 대한 요구, 수요

273 **effect on** ~에 미치는 영향

274 **emphasis on** ~에 대한 강조

275 **experience in** ~에 대한 경험

276 **experiment with** ~을 실험하다

277 **exposure to** ~로 폭로, 노출

278 **guarantee of** ~에 대한 보증

279 **impact(s) on** ~에의 충격

280 **increase in** ~의 증가

281 **influence on[over]** ~에 미치는 영향

282 **information about[on]** ~에 대한 정보

283 **interest in** ~에 대한 관심

284 **interview with** ~와의 인터뷰

285 **marketing on** ~에 대한 마케팅

286 **opposition to** ~에 대한 반대

287 **obligation to** ~에 대한 의무

288 **preference(s) for** ~에 대한 선호

289 **problems with** ~에서의 문제

290 **questions about[concerning]**
~에 대한 문제

291 **reaction to** ~에 대한 반응

292 **request for** ~에 대한 요구

293 **tax on** ~에 부과된 세금

294 **a tour of** ~의 관광

295 **contribution to** ~에 대한 공헌, 기여, 기부

296 **solution to** ~에 대한 해결

297 **thanks to** ~덕분에

중요 빈출 〈전치사 + 명사 + 전치사〉

298 **at the request of A** A의 요청에 따라

299 **at the expense of** ~의 비용으로

300 **by means of** ~을 이용하여

301 **for the sake of** ~을 위하여

302 **in (the) case of** ~에 관해서는, ~의 경우에는

303 **in (the) event of** ~할 경우에

304 **in addition to** ~외에도, ~에 더하여

305 **in combination with**
~와 결합하여, ~와 함께

306 **in compliance with** ~에 따라

307 **in conjunction with** ~와 더불어, ~와 함께

308 **at the discretion of** ~의 재량으로

309 **in excess of** ~을 초과하여

310 **in favor of** ~에게 유리하게

311 **in honor of** ~을 기리는, 기념하여

312 **in light of** ~을 비추어 볼 때, ~을 고려하여

313 **in need of** ~이 필요한

314 **in observance of** ~를 준수하는

315 **in place of** ~대신에

316 **in recognition of** ~을 인지하여

317 **in respect for** ~에 경의를 표하여

318 **in response to**
~에 부응하여, ~에 대한 응답으로

319 **in terms of** ~에 관해서, ~의 점에서는

320 **in the process of** ~의 과정 중에

321 **on account of** ~때문에, ~을 이유로

322 **on behalf of** ~를 대신하여

323 **on one's way to** ~로 가는 중인

324 **on the recommendation of**
~의 권고로, ~추천으로

325 **under the control[supervision] of**
~의 지배[관리] 하에

326 **under the plan[system] of** ~의 계획 하에

327 **with the aid of** ~의 도움으로

328 **with the exception of** ~을 제외하고

329 **with[in] reference to** ~에 관하여

330 **with[in] regard to** ~에 관하여, ~의 점에서는